대한민국 임시정부 100주년을 맞이하여
나라를 지켜주신 선배님들의 예우에 다시 한 번
감사와 추모의 마음을 전합니다

글 **스토리박스**(하인수·이봉기)

어린이 학습 만화 콘텐츠를 개발하는 전문 작가 팀입니다. 오랫동안 학습 만화의 스토리를 쓰고 책 만드는 일을 해 왔습니다. 정확한 학습 정보와 다양한 지식 전달을 통해, 스토리박스는 어린이 여러분과 함께 성장해 나갈 것입니다. 그동안 만든 작품으로는 〈열려라 천일문! 영어 구출 대작전〉 시리즈, 〈빈대 가족〉 시리즈, 〈위기 탈출 넘버원〉 시리즈, 〈브리태니커 만화 백과〉 시리즈, 〈다빈치 융합 학습 만화〉 시리즈 등이 있습니다.

그림 **정현희**

어린이들이 재미있게 책을 읽었으면 하는 바람으로 학습 만화를 그리고 있습니다. 때론 진지하고, 때론 익살스러운 만화 속 캐릭터들을 통해 어린이 여러분들과 함께 공부하고, 함께 마음을 나누고 있습니다. 그동안 그림을 그린 책으로는 〈자신만만 한국사왕〉, 〈WHO 시리즈〉, 〈아 다르고 어 다른 우리말〉, 〈스마트 걸〉 등이 있습니다.

설민석의 한국사 대모험 10

임시정부 편
공갈이는 어디에?

설민석의 한국사 대모험을 시작하며…

안녕하세요?

지난 20여 년간 학생들에게 한국사 강의를 해온 설민석입니다.

한국사에 대한 국민 여러분의 관심이 여느 때보다 뜨거운 요즘입니다.

더불어 저에게도 많은 분들께서 과분한 사랑과 관심을 보내주셔서 더할 나위 없이 행복한 시간을 보내고 있습니다.

하지만 한편으로는 여전히 아쉬운 마음이 남아 있습니다. 지금까지 여러 권의 한국사 책을 펴냈고 강의를 하고 있지만, 정작 대한민국의 미래를 이끌어갈 주인으로서 한국사를 처음 접하는 어린이들을 위한 책은 아직 만들지 못했기 때문이죠. 그래서 이제 오랜 기간 준비해온 '한국사 대모험'을 어린이 여러분과 함께 제대로 떠나보려고 합니다.

역사, 어렵고 지루하게만 느껴지시나요? 아주 오래 전에 살았던 인물들, 벌어졌던 사건들, 일부러 찾지 않으면 볼 일이 없는 문화유산들은 나와는 아무 상관없는 과거의 이야기일 뿐일까요? 저는 그렇게 생각하지 않습니다. 우리 선조들은 역사 속에서 우리에게 도움이 되는 많은 메시지를 전하고 있습니다.

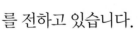

우리가 생활하면서 필요한 지혜와 교훈은 선조들이 걸어온 길을 되짚어보면서 발견할 수 있어요. 그게 바로 역사를 공부하는 즐거움이고요. 그리고 바로 그 순간 역사는 단순히 지나간 과거의 일이 아니라 현재를 사는 나에게 지침이 되는 소중한 선물이 되는 것입니다.

그런 선물 같은 순간을 드리기 위해 『설민석의 한국사 대모험』을 펴내게 되었습니다. 이 책은 어쩌면 어린이들이 처음 접하는 한국사 책일 것입니다. 한국사에 대한 첫인상이 이 책으로 결정될 수도 있는 것이지요. 그렇기 때문에 최대한 쉽고, 재미있고, 유익하게 만들었습니다. 이 책으로 인해 한국사가 이렇게 재미있다는 것을 느끼기만 해도, 우리가 함께하는 한국사 대모험은 성공입니다.

어린이 독자 여러분, 그리고 학부모님들!
이제 저와 함께하는 한국사 시간여행에 편하게 몸을 맡겨보세요.
우리들의 친구 평강, 온달 그리고 귀여운 강아지 로빈까지!
같이 타임머신을 타고 과거로 날아가, 찬란한 역사 속에
선조들이 남긴 지혜의 발자취를 따라가봅시다.

설민석 드림

설쌤과 한국사 대모험 제대로 즐기기

1. '시간의 문'을 열고 한국사 대모험 속으로 빠져들어요!

온달을 역사 천재로 만들기 위해 시간의 문을 열고
한국사 여행을 하는 설쌤 일행!
시간여행을 통해 한국사의 주요 장면을 직접 겪는 듯
생생하게 즐길 수 있습니다!

2. 설쌤의 역사톡톡으로 한국사 지식이 늘어나요!

'설쌤의 역사톡톡'을 놓치지 마세요. 만화 중간에
꼭 알아야 할 한국사 지식을 모두 담았습니다.
아이가 어려워하면 부모님이 함께 읽고 이야기해주세요.

3. 설쌤의 주문을 같이 따라 해보아요!

시간의 문을 열기 위한 설쌤의 주문!
그 주문에는 중요한 역사적 사실이 잘 드러나 있지요.
다 함께 설쌤의 주문을 외쳐보아요!

4. 다양한 추가 학습으로 한국사의 깊이를 느껴보세요!

만화에 없는 더 깊은 지식, 역사의 숨결을 느낄 수 있는 현장학습 정보,

시대를 한눈에 볼 수 있는 연표까지! 책 한 권으로 다양한 한국사 학습 활동을 체험할 수 있습니다.

5. 한국사 25문제를 풀며 실력을 확인해보세요!

학습 내용을 확인하는 기본 문제는 물론
한국사능력검정시험 초급에 해당하는
문제를 통해 응용 능력과 해결 능력을 키우고
시험에 도전해보세요!

등장인물

고구려에서 대한민국으로 온 대학자.
한국사에 대한 애정만큼은 누구보다 뜨거운 설쌤!
용의 송곳니를 갈아 만든 분필로 시간여행을 하는
능력자! 설쌤과 함께하는 시간여행, 기대되지 않나요?

고구려의 공주입니다.
아는 것이 많고 한국사에 관심도 많지만
급한 성격이 항상 문제입니다.
평강은 떳떳하게 아버지인 평원왕을 만날 수 있을까요?

귀여운 외모에 비해 지식은 부족한 아이입니다.
식탐 많고 잠 많고 한국사엔 관심도 없지만,
가슴이 따뜻하고 밝고 명랑하죠. 설쌤, 평강과 함께
시간여행을 하며 온달은 어떻게 달라질까요?

설쌤과 함께 지내며 역사 여행에서
중요한 순간 설쌤 일행을 구했던 로빈.
역사 여행 중에 펼쳐지는
로빈의 활약을 지켜보아요!

고구려의 대학자이자 설쌤의 라이벌. 자신의 제자
공갈을 평강의 신랑으로 만들고 싶어 합니다. 의심이
많고 신중하지만 그런 성격이 오히려 설쌤과 평강,
온달에게는 행운입니다.

땅

파박

흐엑!

어서 피하자!

쏙

만주에 왜 아직도
일본군들이…?

일본이 만주를 손에 넣기 위해
중국과 전쟁을 벌이고 있어.

이 나쁜 놈들!
이젠 만주까지
차지하려고…

일본은 자기네 관할이던
만주 철도를
스스로 폭파해놓고는
중국이 했다고 트집 잡아
중국을 공격해왔어.

쏴라!

윽!

한 놈도
살려 보내지 마라!

후퇴하라!

이러다 일본이
이기는 거 아냐?

안 돼!
만주에 우리 동포들이
얼마나 많이
살고 있는데…

중국군이
밀려나고 있어…

설마…
일본이 이기는 건 아니죠?

그게…

결국 일본이 만주를 빼앗고,
'만주국'이라는 괴뢰 국가를 세우게 돼.

철로를 폭파하고,
그걸로 꼬투리 잡아
중국을 공격해야지!

이제 만주는
우리 일본이 접수한다!

만주국

만주사변에서 이긴 일본은
1932년 괴뢰 만주국을 세워
1945년까지 만주를 통치했어.
'괴뢰'라는 말은 '꼭두각시'라는 뜻이야.
괴뢰 만주국은 만주 지역 사람들을 모아
세웠다고는 했지만,
실제로는 일본이 조종하던 나라였지.

만주사변

1931년 9월, 일본은
철도 보호를 명분으로 내세워
만주에서 군사행동을 시작했고,

그럼 만주에 사는 우리 동포들은요?
나라를 빼앗기고 머나먼 타국까지
와서 겨우 자리 잡고 살아가는데…

독립운동가들도
많이 활동하고 있잖아!

그래, 만주는 우리 동포들이
많이 사는 곳이고,
무장 독립운동의 기지 같은
곳이기도 하지.

만주국이 세워지면서
독립운동가들도 일본의 감시를 피해
중국 본토로 이동할 수밖에
없게 됐어.

그렇다면
공갈이도…

맞아요!
공갈이도 만주를 떠나
어딘가로 이동한 거
아닐까요?

아무래도
그럴 확률이 높지.

이 사고뭉치,
도대체 어디에 있는 거야?

희망을 잃지 말자.
꼭 찾을 수 있을 거야.

어디에서요?

역사 여행 하면서 1920년부터 1931년까지 만주를 샅샅이 뒤졌지만 못 찾았잖아요!

설쌤, 공갈이를 영영 못 찾으면 어떡해요… 으앙!

저건…?

평달이 형이 준 주머니야.

뭐가 들었을까?

옷자락 안에 꼭꼭 숨겨놓고는 깜빡하고 있었네.

평달 오빠가 이 증표를 가지고 자기를 찾아오라고 했잖아.

저분은
임시정부를 이끈
김구 선생님!

앗!
마차에 폭탄을 던졌어!!

1화

채소장수 윤봉길

공갈이를 찾아 만주를 헤매던 설쌤 일행은 공갈이를 알고 있는 듯한 평달이를 만나기 위해 1932년의 상해 임시정부로 갑니다. 거리에서 수상해 보이는 채소장수를 뒤따라갔다가 그가 김구 선생과 만나는 장면을 목격하고, 일본을 향해 폭탄을 던지는 계획도 듣게 됩니다! 과연 그 채소장수는 누구일까요? 그리고 때마침 등장한 평달이가 들고 있는 물건은 무엇일까요?

생각해 보아요.
• 백범 김구 선생에 대해 알아봅시다.
• 한인애국단이 만들어진 이유와 활동에 대해 배워봅시다.
• 이봉창, 윤봉길 의사에 대해 살펴봅시다.

1932년 4월 중국 상해

으아앗!

평달이 형이 여기에서 자기를 찾으라고 했죠?

임시정부에서 일하게 된 옥순 씨를 따라간다고 했으니까.

상해 임시정부 청사에 도착했구나.

평달 오빠랑 옥순 언니는 결혼해서 알콩달콩 살고 있겠지?

정신 차려!

빨리 평달이 형을 만나야지.

쳇!

어?

왜?

문이 잠겨 있어?

아무 소리도 안 들려.

다들 어디 가셨나?

저분한테 물어보자.

도대체 무슨 일이기에 임시정부 사람들이 숨어 지낸다는 거지?

글쎄…

무슨 내용인지 봐보세요.

어? 그, 그래…

한국인 이봉창,
일본 왕에게 수류탄을 투척했지만 불행하게도 실패…

이봉창 의사가
일본 왕에게 수류탄을
던졌다는
신문 기사야.

설쌤의 역사톡톡
| 이봉창, 일왕에게 수류탄을 던지다 |

1932년 1월 8일, 이봉창 의사는 일본 도쿄에서 관병식을 마치고 궁성으로 가던 일본 왕 히로히토가 탄 마차를 향해 수류탄을 던졌어요. 말이 다치고 마차가 부서지는 피해를 입혔으나, 일본 왕을 맞히지는 못했어요. 수류탄 투척 후 이봉창 의사는 품 안에서 태극기를 꺼내 들고 "대한독립만세"를 외치며 독립을 향한 뜨거운 열망을 보여줬어요. 이봉창 의사는 일본 경찰에게 붙잡혀 사형 선고를 받고 그해 10월에 순국했습니다. 비록 일본 왕 암살에는 실패했지만, 이 의거는 대한민국 임시정부에 새로운 활력을 불어넣는 계기가 되었습니다.

상해에 주둔하는
일본군 병력이 늘어난다고요?

글쎄,
그렇다니까요.

그래서 얼마나
늘어난답니까?

언제
들어온대요?

내가 그것까지
어찌 알겠소?
배추나 주시오.

그냥 가져가시오.

네?

대신 일본군이
상해로 언제 들어오는지
알게 되거든
꼭 좀 알려주시오.

아, 알았소…

이상한 채소장수네.

백범을 만나야 해!

백범…?

하얀 호랑이라는 뜻 아닐까?

백범은 하얀 호랑이가 아니라 김구 선생님의 호야.

김구 선생님이라면 임시정부를 이끄셨던…?

그래, 지금 이 시기라면 임시정부의 국무위원을 지내고 계실 거야.

김구 선생님을 만나 평달이 형이 어디 있는지 물어보면 되겠네요.

그래, 평달이가 아직 임시정부에서 일하고 있다면 금방 연락이 닿을 거야.

설쌤의 역사톡톡
| 임시정부를 이끈 백범 김구 |

김구 선생은 독립운동가이자 정치가입니다. 호는 백범(白凡)인데, 천한 신분인 백정에서 '백'을 따고 평범한 사람이라는 뜻의 범부(凡夫)에서 '범'을 따서 지은 것이에요. 미천한 백정이나 무식한 범부까지도 애국심을 가진 사람이 되기를 원한다는, 평범한 모두를 향한 염원과 김구 선생의 겸손한 마음이 '백범'이라는 호에 담겨 있습니다. 1919년 상해의 대한민국 임시정부 수립에 참여했고, 일본의 추격과 감시, 압박이 심해지는 어려운 상황 속에서도 중국 이곳저곳을 옮겨다니며 임시정부를 굳건히 지켜냈습니다. 1940년에는 충칭에 임시정부를 정착시켜 한국광복군을 창설하고 일본을 상대로 독립전쟁을 일으키고자 노력했습니다. 1945년 드디어 광복을 맞이했지만, 미국과 러시아가 들어와 우리나라가 남과 북으로 갈라지자, 김구 선생은 분단에 반대하며 남북협상을 부르짖다가 1949년에 암살당하고 말았습니다.

> 나라는 내 나라요, 남들의 나라가 아니다.
> 독립은 내가 하는 것이지
> 따로 어떤 사람이 하는 것이 아니다.
> _『백범일지』 중에서

앞뒤 사정을 먼저
알아보자니까!

밀정…?

어디 다치신 데는
없습니까?

밀정이라니!
다른 건 다 참아도
밀정이라는 말은 못 참아!

빌
떡

내가 독립운동 하려고
상해까지 왔는… 헙!

독립운동…?

밀정도 아닌데,
왜 김구 선생님을
만나려고 하는 거죠?

의논할 게
있으니까 그렇지!

빠빡 혼

거참…
이게 무슨
봉변이야?

긁
적

쩍

30

그럼 혹시… 김구 선생님이 어디 계시는지 아십니까?

그렇소만…

그건 왜 물으시오?

우린 나쁜 사람 아니에요.

저러고도 나쁜 사람이 아니란 말이냐?

얼른 사과드려!

자, 잘못했습니다…

우리는 임시정부에서 일하고 있는 사람을 찾는 중이에요.

아저씨, 김구 선생님 계신 곳을 알려주세요, 네?

내가 뭘 믿고?

알려주세요~

제발요~

안 알려주시면…

안 알려주면 뭐…?

부르르

아, 알았다! 알았으니까, 그 배추 당장 내려놓지 못해?

무슨 애가 걸핏하면…

투덜 투덜

안 알려줄 수도 없고, 알려주자니 믿음이 안 가고… 이를 어쩐다?

일단 따라와라.

촐
촐
헐
떡

멈
칫

그래, 저쪽으로
유인해서…

왜 그러세요?

이쪽이 좋겠구나.
이쪽으로 오렴.

응?

저기란다.

어디요?

저기 붉은 기와집
보이지?

무슨 짓이에요?

너희야말로
일본 끄나풀이지?
내가 속을 줄 알았냐,
이놈들아!

왈

왈

으으… 차가워!

우리를 밀정으로
오해한 모양이구나.

다 젖었잖아!

빨리 저 아저씨를
쫓아가야 해요!

어디로 간 거지?

자꾸 주변을 기웃기웃하며
이상한 행동을 하더라니!

어떡하지? 이번엔 진짜
평달이 형을 찾을 기회였는데…

응??

아냐,
찾을 수 있겠는걸!

어떻게…?

이 복잡한 골목에서
어디로 간 줄 알고?

저기인가 봐요!

로빈, 잘했어!

배춧잎으로 냄새를 추적할 수 있는 강아지는 우리 로빈밖에 없을걸!

또 시작이다!

거기 맞아?

선생님, 저도 이봉창 동지처럼 나라를 위해 이 한목숨 바치고 싶습니다.

저분이
김구 선생님이야.

흐음…

일본놈들 때려잡겠다는데,
뭘 주저하십니까?

일본놈들 때려잡는 거야
왜 주저하겠는가?

그런데
왜 그러십니까?

자네 목숨은?
하나뿐인 자네 목숨은
중요하지 않은가?

이봉창 의거 이후
석 달이 지났지만,
하루도 잊은 적이 없다네.

아무리 조국을 위하는 일이라지만…

이봉창 의사가 체포된 것 때문에 마음 아파하고 계시는구나.

선생님, 그렇다고 제 결심을 꺾으실 수는 없습니다.

으응…?

저는 이미 결심을 하고 집을 나섰습니다. 이렇게 천년만년 사느니, 하루를 살더라도 나라를 위해 떳떳하게 살고 싶습니다!

흐음…

자네 결심이 그러하다면…

다가오는 4월 29일,
일본 왕의 생일을
기념하기 위해…

어떤가?
해볼 텐가?

네! 하겠습니다!

폭탄만
준비해주십시오.

폭탄?

폭탄으로
뭘 하려는 거죠?

글쎄…

그럼 내일부터 현장을
살펴보도록 하겠습니다.

그렇게 하게.

이봉창 의거 이후
일본놈들 감시가 심하니,
각별히 몸조심하게.

네, 알겠습니다.

아 참, 선생님!

왜 그러는가?

오다가 수상한 자들을 만났습니다.

밀정인가?

개까지 데리고 다니며 선생님을 찾더라니까요.

개까지? 이거 큰일이군…

제 딴에는 위장한답시고 어린애들도 같이 다니더군요.

요즘 들어 일본의 감시가 더 심해졌다네. 오죽하면 임시정부 청사에도 붙어 있지 못하고, 이렇게 동포들 집을 떠돌고 있겠는가.

아무튼, 허여멀겋고 안경 쓴 놈을 조심하세요.

알았네.

어디 가려고?

잠깐만요!

평달이 형이
어디 있는지 물어봐야죠.

기다려!

우리를 밀정으로 의심하고 있는데,
지금 맞닥뜨리면 더 경계할 거야.

그럼 어떡해요?

흐음…

일단 저분들을 더 지켜보자.
그럼 평달이가 어디 있는지
알게 되겠지.

끄덕
끄덕

깃발을 더 높여!

뭐하시는 거지?

뭐하긴! 공원에 놀러 왔나 보지.

가만, 여긴 홍커우 공원…?

평달이 형 만나러 오는 줄 알았더니…

그러게. 며칠째 따라다녔지만 평달 오빠는 보이지도 않고…

잠시 휴식!

들키면
안 되니까…

잠시 눈 밖으로
피해 있자.

윽!

꽈당

아이코…
응?

아니,
당신은 며칠 전…?

우리 밀정
아니거든요!!

일단 조용한 곳으로 가서 얘기하자.

김구 선생님이 어디 계시는지도 이미 다 알고 있다고요. 밀정이라면 왜 가만있었겠어요?

그럼 김구 선생님이 어디 계시는지는 왜 물었던 거냐?

자초지종

그게…

아…

제가 이래 봬도 북로군정서군과 함께 청산리 대첩에서 일본군을 물리쳤단 말이에요!

청산리 대첩…

청산리 대첩이라면 10년 전 일인데…

예끼, 이 녀석!
기저귀 차고 일본군을
물리쳤냐?

거짓말 아니에요!

우리는 시간여행… 읍!

조선인으로서
자부심이 워낙
강한 아이라서…

그런데 아저씨는 공원에서
뭐하고 계셨던 거예요?

그건…

미안하지만
말해줄 수가 없구나.

이 아저씨 아무래도
수상하다니까!

그럴 만한 사정이
있으신 거겠지.

그럴 만한
사정이라니요?

얘들아,
내 생각에는
아무래도 저분이…

네? 정말요?

아저씨, 혹시…

윤봉길 의사… 맞아요?

의사? 난 의사가 아니라 채소장수야. 그런데 내 이름은 어떻게 알았니?

헉! 윤봉길 의사…

의사 아니라니까!

윤봉길 의사? 뭐하셨던 분이더라? 이름은 많이 들어봤는데…

흥커우 공원에서 일본군에게 폭탄을 던지신 분이잖아!

뭐라고?

폭탄… 읍!

쉿!

그러다 일본 헌병한테 잡히면 어쩌시려고요?

너희…

내가 폭탄 던질 거라는 걸 어떻게 알았지?

그거야… 뭐…

철통 보안 속에 진행해온 일인데, 어떻게 이 계획이 새어나갔을까…?

지금 그게 중요한 게 아니잖아요!

도망칠 방법은 생각해놓으신 거냐고요!

난 도망치지 않아!

도망치지 않으면요?

일본 헌병들이 아저씨를 가만둘 것 같아요? 목숨이 위험하다고요!

나라를 위해 목숨 바치는 건 두렵지 않단다.

단지…

?

고국에 두고 온
아이들이
그립구나…

사랑하는 가족과 자식들을 두고
떠나야 한다고 생각하니…

안 돼요!

저는 아빠가 하루만
집에 안 들어와도
보고 싶고, 걱정돼서
잠이 안 온단 말이에요…

제발 다른 방법을 생각해보세요! 네?

다른 방법이 있다면 좋겠지만…

나는 이렇게라도 우리 민족의 독립 의지를 보여줄 수 있어서 기쁘단다!

설쌤, 저 아저씨 좀 말려보세요!

잠깐만…

안타깝지만, 우리가 역사를 바꿀 순 없어.

그런데 왜 이렇게 위험한 방법으로 독립운동을 하게 된 거예요?

1930년대 들어 일본의 탄압이 심해져서, 독립운동은 침체 상태에 접어들었어.

그래서 침체 상태를 벗어나 우리의 강인한 독립 의지를 보여주기 위해 '한인애국단'이 만들어졌고, 윤봉길 의사가 한인애국단의 단원이 된 거야.

한인애국단요?

임시정부의 비밀조직이라고 할 수 있지.

설쌤의 역사톡톡
| 독립운동의 새로운 방향, 한인애국단 |

1920년대 이후 임시정부는 '외교중심론'과 '무장투쟁론'이라는 두 가지 노선을 접목해 기틀을 잡았지만, 뚜렷한 활로를 찾지 못해 시간이 지날수록 분열 조짐까지 나타났습니다. 더구나 1930년대 들어 일본이 중국으로까지 전쟁을 확대하면서, 독립운동은 생기와 역동성을 잃은 상태였어요.

이런 상황에서 김구 선생은 침체된 대한민국 임시정부에 활력을 불어넣고, 일본에 효과적인 타격을 주고자 '한인애국단'이라는 단체를 만들었어요. 일본의 주요 인물들을 암살하기 위해 만든 비밀 공격 조직이었죠. 일본 왕에게 수류탄을 던진 이봉창 의사는 한인애국단 1호 단원이었습니다.

하지만 일제의 감시를 피해 재료를 몰래 구해 만든 폭탄은 성능이 떨어질 수밖에 없었어. 폭탄이 제대로 터지지 않아서 목적을 달성 못 하는 경우도 많았지.

네?

괜히 목숨만 잃고 실패한 거잖아요?

실패는 아니란다!

우리 민족의 독립 의지가
이렇게 강하다는 걸
전 세계에 보여줄 수만 있다면,
그것만으로도
엄청난 성공인 거지.

하지만…

걱정 마라.
이번엔 여러 번
실험까지 했으니,
폭탄이 안 터지는
일은 없을 거야.

2천만 대한 동포들이 우리의
활동을 보고 함께 독립을 꿈꿀 수
있다면…

3·1 운동
때처럼요?

그래, 3·1 운동을
기억하고 있구나.

다 같이 떨쳐 일어날
용기를 갖는
그날이 온다면
더 뭘 바라겠느냐.

뭉
뭉

아버지가 하루만 안 들어오셔도 걱정된다고 했지?

난 더 이상 우리 민족이, 그리고 우리 아이들이 일본놈들 밑에서 치욕스럽게 살아가도록 내버려둘 수가 없구나.

이것이 아비로서 자식들에게 해줄 수 있는 마지막 선물이라고 생각해주렴.

그래도…

준비해야 할 일이 있으니 그만 돌아가자꾸나.

뭐하시는 거예요?

누구를
만나기로 했거든.

아, 저기 오는구나.

응…?

앗, 저 사람은…!

누군데?

한인애국단 1호 단원, 이봉창 의사

1919년 많은 이들의 염원과 기대가 모여 대한민국 임시정부가 상해에 수립되었지만, 뚜렷한 독립운동 성과를 거두지 못하고 긴 침체기에 빠지게 됩니다. 독립운동가들이 임시정부를 하나둘 떠나가는 상황에서, 김구 선생은 임시정부에 새로운 활력을 불어넣고 적은 인원으로 일본에 대항하는 우리 민족의 힘을 보여주고자 비밀 공격 조직을 만들었어요. 그렇게 탄생한 '한인애국단'의 첫 번째 단원은 32살의 청년 이봉창이었습니다.

평범한 과자가게 점원에서 독립투사가 되기까지

어린 시절 그리 부유하지 못했던 이봉창 의사는 일본인이 운영하는 과자가게에서 종업원으로 일했으나, 주인으로부터 계속해서 괴롭힘을 당했다고 해요. 이후 철도회사에 들어갔지만 그곳에서도 '조센징(조선인을 낮추어 부르는 일본말)'이라 불리며 차별받자 철도원 생활을 그만두고 일본으로 향합니다. 일본에서 여러 일을 전전하며 힘들게 살아가던 중에도 역시 많은 일본인으로부터 모욕을 당합니다. 이봉창 의사는 '아! 내가 이렇게 억울한 일을 당하는 이유는 바로 나라를 잃었기 때문이구나!'라고 깨닫고는 독립운동을 하기로 마음먹고 중국 상해에 있는 임시정부로 향했습니다.

대한독립이라는 영원한 쾌락으로 가는 길

태극기 앞에 선 이봉창 의사

당시 임시정부 직원들은 '기노시타'라는 일본식 이름을 쓰고 술에 취하면 일본 노래를 흥얼거리는 이 한국인 청년을 의심했어요. 하지만 이봉창 의사와 여러 차례 만난 김구 선생은 그의 독립 의지와 애국심에 감동했다고 합니다. "선생님, 인생의 목적이 쾌락(즐거움)이라면 지난 31년 동안 쾌락이라는 것을 모두 맛보았습니다. 이제부터 영원한 쾌락을 위해 목숨을 바칠 각오로 상해에 온 것입니다. 제가 세상을 깜짝 놀라게 할 일을 완수하게 해주십시오!"

의거 현장을 조사하는 일본 경찰

침체에 빠진 임시정부의 부활을 알리는 첫 신호탄

이봉창 의사는 한인애국단의 첫 번째 단원이 되었습니다. 그에게 맡겨진 임무는 바로 일본 국왕을 암살하는 일이었습니다. 그는 이를 위해서 일본 도쿄로 건너가 거사를 준비합니다. 결전의 날! 이봉창 의사는 궁성으로 가던 일본 왕의 마차를 향해 수류탄을 던졌습니다. 하지만 수류탄은 일본 왕이 아니라 일본 궁내대신이 탄 마차 옆에서 폭발하고 말았습니다. 이봉창의 의거는 결국 실패로 끝났습니다. 그러나 일본의 심장인 도쿄에서 폭탄을 던져 일본 왕을 암살하려 했다는 사실은 일본인들을 깜짝 놀라게 했을 뿐 아니라, 대한민국 임시정부의 위상을 높여 우리의 독립 의지를 전 세계에 알리는 계기가 되었습니다.

온달이와 함께 **주문을 배워보자!**

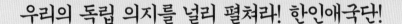

우리의 독립 의지를 널리 펼쳐라! 한인애국단!

분명 공갈이를 알고 있는 듯한 평달이 형을 만나기 위해 상해까지 왔어. 형이 있다는 임시정부를 어렵게 찾아갔지만, 독립운동가들은 보이지 않고 문도 잠겨 있는 거야. 형의 소식을 알아보려고 수상한 채소장수를 뒤쫓았는데, 알고 보니 그분이 윤봉길 의사였지 뭐야! 어떻게 해서든 윤봉길 의사가 위험해지는 걸 막고 싶었지만, 더 이상 대한의 아이들이 일본놈들 밑에서 살아가는 걸 두고 볼 수 없다는 말씀을 듣고 더는 말리지 못했어. 대한의 독립 의지를 널리 알리고 하루라도 빨리 독립된 조국을 우리에게 선물해주기 위해 목숨 바친 이봉창, 윤봉길 의사와 한인애국단을 잊지 말아야겠지?

평강이와 함께 떠나는 **현장 학습**

이봉창, 윤봉길, 백정기 의사가 나란히 묻힌 곳, 효창공원 3의사의 묘

효창공원

일제가 억지로 만든 공원, 효창공원

효창공원은 원래 정조 임금의 첫째 아들이었던 문효세자의 묘가 있는 곳이었어. 그런데 1921년 일제는 효창원의 울창한 숲을 파헤쳐 골프장을 만들었지. 왕가의 묘들이 있던 곳이 골프 코스가 되어버린 거야. 게다가 나무가 울창했는데, 독립군을 토벌하기 위한 비밀작전지로도 사용되며 본래의 모습을 조금씩 잃어가기 시작했지. 급기야 일제는 이곳에 있는 묘들을 서삼릉이 있는 지역으로 강제로 옮기고 공원을 만들었어.

독립운동가들을 위한 묘역이 되다

광복 이후 김구 선생이 일본 왕에게 수류탄을 던지는 의거를 한 이봉창 의사, 상해의 홍커우 공원에서 열린 일본 왕의 생일 축하 행사에서 폭탄을 던진 윤봉길 의사, 그리고 일본 외교관 아리요시를 습격하려다 잡혀 감옥에서 순국한 백

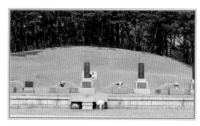
3의사의 묘

정기 의사의 유해를 이곳에 모셨어. 그리고 3의사의 묘 바로 옆에는 비석이 없는 임시묘가 있지. 안중근 의사의 유해를 모시기 위해서 마련해둔 곳인데, 아직까지 유해를 찾지 못해 비어 있는 상황이야. 이외에도 임시정부에서 일하셨던 이동녕, 차리석, 조성환 선생의 유해도 효창공원 안에 모셔져 있어.

백범 김구의 묘

백범 김구 선생님의 마지막 안식처

그리고 서쪽 언덕에는 대한민국 임시정부 주석으로서 독립운동을 이끌었던 김구 선생님의 묘지가 마련되어 있어. 김구 선생님은 해방 이후 통일된 국가를 만들기 위해 앞장서던 중 1949년 안두희에게 암살당하셨어. 당시 전 국민이 슬퍼하는 가운데 장례식이 치러졌고 선생님의 유해 역시 이곳 효창공원에 안장되었지. 김구 선생님 기념관도 바로 옆에 있다고 하니, 한번 들러서 선생님이 독립을 위해 한평생 어떠한 노력을 하셨는지 살펴보자!

독립운동에 헌신하셨던 분들을 떠올려볼 수 있는 뜻깊은 장소이니, 부모님과 함께 효창공원에서 의미 있는 시간을 보내면 어떨까?

* 효창공원 | 서울시 용산구 효창동

로빈이를 따라가는 **역사 타임머신**

그때 무슨 일이 있었을까?

1919년
3월 1일

3·1 운동 시작

1919년
4월 11일

상해 임시정부 수립

1923년
1월 3일

**임시정부 운영 위기 해결을 위해
국민대표회의 개최**

국민대표회의는 임시정부를 바꾸자는
개조파와 새로운 정부를 만들자는 창조파,
지금 상태 그대로 가자는 온호파로 나뉘었어요.
이들의 논쟁은 계속되었고
결국 별다른 성과 없이
회의가 끝나게 됩니다.

1925년
3월 23일

**박은식, 임시정부
2대 대통령으로 선출**

임시정부가 처한 위기를 어떻게든 해결하고자
박은식 선생이 2대 대통령으로 선출되었고
여러 차례 변화가 시도되었지만,
많은 독립운동가들이 임시정부를 떠나면서
위기는 계속됩니다.

1931년
9월 18일

일본, 중국의
만주 지역을 차지하고자
만주사변을
일으킴.

1931년
10월

한인애국단 창단

우리 독립운동의 주요 근거지인 만주까지
일제의 힘이 미치자.
김구 선생은 적은 인원으로
우리의 힘을 보여줄 수 있는
의거 활동을 계획하며 비밀 의열단체인
한인애국단을 조직합니다.

1932년
1월 8일

일본 도쿄에서
이봉창 의사의
의거가 일어남.

1932년
4월 29일

중국 상해에서
윤봉길 의사의 의거가
일어남.

2화
윤봉길 의거

평달이는 설쌤의 도움으로 일본 헌병에게 잡혀갈 위기를 넘겼지만, 공갈이에 대해서는 나중에 알려주겠다며 급히 떠납니다. 설쌤 일행은 거사 직전 윤봉길 의사의 굳은 의지를 다시금 확인하고, 홍커우 공원에서 단상을 향해 폭탄을 던지는 모습을 목격합니다. 이후 평달이와 약속한 장소로 달려가보지만, 그곳에는 아무도 없는데… 과연 평달이와 김구 선생은 어디로 간 걸까요?

생각해 보아요.

- 홍커우 공원에서 어떤 일이 벌어졌는지 살펴봅시다.
- 윤봉길 의거의 의의를 알아봅시다
- 윤봉길 의사의 행동이 테러가 아니라 의거인 이유를 알아봅시다.

어딜 내빼려고!

어이, 확인해봐!

알았어.

너, 조선놈 맞지?

이거 큰일 났군!

저게 뭔데요?

아주 중요한 물건이야.

저게 없으면 내일 거사도 물거품인데…

혹시… 도시락…?

어쩐다…

좋아!

일단 부딪쳐보자!

아니, 설 선생! 어쩌려고 그러시오?

꼬몽 딸랑딸랑!

꼬, 꼬붕 딸랑…?

우리더러 꼬붕*이라는 거 아냐?

뭐야? 꼬붕?

* 꼬붕 : 일본어로 '아랫사람'을 뜻하는 말.

프랑스 사람 같기도 하고…

오우~ 노~ 노옹!

아닌 것 같기도 하고…

당신 뭐야?

당신 정체가 뭐냐고!

나?

몰랑~ 알쏭달쏭~

'나'라고 했나?
다 알아들은 거야?

흡!

방금 조선말 하지 않았어?

오농~
실숭실숭~

이 사람도 아주 수상해!
잡아가자!

로빈…

번뜩

마드무아젤, 뽀뽀,
쪼옥 쪽~

오홍, 마드무아젤*~

저 개…

* 마드무아젤 : 프랑스에서 미혼 여성을 부르는 말.

69

앙~ 앙~
와르와르~

프랑스 사람
맞잖아!
동양에 저런 개가
어디 있어?

로빈이 프랑스어로
짖고 있어!

하긴, 프랑스 백작들이
저런 개를 키우긴
하더라고.

하지만 저놈 들고 있는
물건이 아무래도 좀
수상한데…

그냥 가자니까!
프랑스 사람 잘못 건드렸다가
자칫 외교 문제로
번지기라도 하면,
우리 같은 꼬붕은
뼈도 못 추린다고.

아, 알았어…

봐이봐이~~!

뭐라는 거야?

빨리 오라니까

후유~

덕분에 살았습니다!

제가 좀 이국적으로 생겼거든요.

설쌤, 프랑스어도 할 줄 아세요?

아, 그거?

옛날에 TV 코미디 프로그램에서 배웠지.

동지, 무사해서 다행… 응?

공갈이 어디 있어? 내 친구 공갈이 어디에다 숨겼느냐고!

물론이지.

근데 왜 말 안 해줬어?
공갈이가 나한테
어떤 친구인데…

빨리 알려줘,
공갈이가
어디에 있는지!

하아…

그래, 알았어.

나도 계속
숨길 생각은 없었어.

그런데…

지금 당장은 알려줄 수가 없어.

뭐라고? 그게 무슨 소리야?

이 물건을 빨리 안전한 곳으로 옮겨야 하거든.

그게 뭔데?

도시락…?

뻐벅

오빠! 지금 밥이 넘어가?

그래도 사람이 밥은 먹어야지…

뭐야?

배고프면 아무 생각도 안 난단 말이야…

이건 그냥
도시락이 아니야.

그래, 중요한 물건 같으니
조금만 기다리자.

내일 오후에 여기로 와.

내일 오후?

그땐 정말
공갈이에 대해
알려줄게.

정말이지?
또 몇 년 동안
찾아 헤매게 하면 안 돼!

아, 알았어…

내일은
틀림없겠죠?

그래, 하루만 더
기다려보자.

서두릅시다!
나도 정리할 일이 좀 있소.

어린 아들 녀석들에게
마지막 인사나 남기자…

강보에 싸인 두 병정에게!
너희도 만일 피가 있고 뼈가 있다면
반드시 조선을 위해 용감한 투사가 되어라.
태극의 깃발을 높이 드날리고
나의 빈 무덤 앞에 찾아와 한 잔 술을 부어놓아라.
그리고 너희들은 아비 없음을 슬퍼하지 말아라.
사랑하는 어머니가 있으니…

1932년 4월 29일

선생님, 저 어떻습니까?

흐음…

선생님 덕분에 이렇게 멋진 양복도 사 입게 됐네요. 저 윤봉길 출세했습니다!

멋지네… 정말 멋있어…

선생님,
나라를 꼭 되찾아주십시오!

그래, 그래…

후일 나라를 되찾고
지하에서 보세.

호음…

고향에 계신 형제 동포여!
더 살고 싶은 것이 인정입니다.
그러나 죽음을 택해야 할
오직 한 번의
가장 좋은 기회를 포착했습니다.
백 년을 살기보다
조국의 영광을 지키는
이 기회를 택했습니다.
안녕히, 안녕히들 계십시오.

_윤봉길 의사의 유서 중, 동포에게 보내는 글

만세! 만세!

일본 만세!

홍커우 공원

그래, 지금은…

나 자신도,
그리고 사랑하는 가족도
생각하지 말자.

오직 대한의 독립만 생각하자!

아저씨…

으응?

죄송해요.

뭐가 말이냐?

처음 만났을 때…
배추로 아저씨 막 때렸잖아요.

죄송해요, 흑흑…
다시는 안 그럴게요.

녀석!

밀정인 줄 알고 그랬던 거 아니냐.
나였어도 당연히 그렇게 했을 거야.

사람들이 다 너처럼 씩씩하다면,
일본놈들을 혼쭐 내줄 수 있을 텐데…

하아…

응?

아저씨, 의사 맞아요!

뭐라고?

아저씨, 의사(義士) 맞다고요!

나는 그저 채소…

의사는 나라를 위해 몸 바치신 분을 가리키는 말이잖아요. 그러니 아저씨는 의사 맞아요.

대한독립만세!
대한독립만세!

아저씨…

세계를
깜짝 놀라게 한
윤봉길 의사의 의거가
이런 모습이었구나!

설쌤의 역사톡톡
| 세계를 놀라게 한 윤봉길 의거 |

윤봉길 의사는 1932년 4월 29일, 중국 상해의 훙커우 공원에서 열린 일본 왕의 생일 축하 행사장에서 일본군 장교들을 향해 폭탄을 던졌습니다. 이 의거로 상해 파견군 총사령관인 시라카와 대장이 사망했고, 해군 총사령관 노무라 중장이 오른쪽 눈을 실명했으며, 사단장인 우에다 중장은 왼쪽 발을 잃었습니다. 중국에 외교관으로 있던 시게미쓰 공사는 오른발을 잃었는데, 그는 일본이 패망한 1945년에 외무대신 자격으로 오른쪽 다리를 절뚝이며 나와 제2차 세계대전 항복 문서에 서명한 인물이기도 합니다.
현장에서 체포된 윤봉길 의사는 가혹한 고문을 받는 중에도 "일본을 타도하려고 상해에 왔다"며 독립을 향한 굳센 의지를 꺾지 않았어요. 결국 사형 선고를 받고 그해 12월 19일, 25세의 나이로 순국했습니다.
윤봉길 의사의 의거는 우리나라뿐 아니라 전 세계를 깜짝 놀라게 했습니다. 특히 일본의 침공을 받고 있던 중국은 윤봉길 의거에 깊은 감명을 받았다고 해요. 당시 중국 총통이었던 장제스는 "중국의 백만 대군도 못한 일을 조선의 젊은이가 해냈다"며 감격하여 대한민국 임시정부를 돕기로 결심했고, 중국 국민당의 지원으로 임시정부는 1940년에 최고의 독립군 부대인 '한국광복군'을 창설할 수 있었습니다.

거사를 앞둔 윤봉길 의사

김구 선생의 시계(좌)와 윤봉길 의사의 시계(우)

윤봉길 의사가 던진 폭탄은
도시락 폭탄이 아니라 수통 폭탄

흔히 윤봉길 의사가 던진 폭탄이 '도시락 폭탄'이라고 알려져 있는데, 이는 잘못된 정보입니다. 윤봉길 의사가 훙커우 공원에서 던진 폭탄은 도시락 폭탄이 아니라 '수통 폭탄'이었어요. 윤봉길 의사는 군중들을 헤치고 나아가 물통 모양으로 개조한 폭탄을 던졌고, 근처에 있던 일본군에게 제압당하고 말았습니다. 물통과 도시락 모양 폭탄을 사용한 이유는 이날 행사장에 도시락과 물통, 그리고 일본 국기만 가지고 들어갈 수 있었기 때문입니다.

윤봉길 의사가 가지고 갔던 수통 폭탄과 도시락 폭탄 모형

윤봉길 의사의 행동은 테러가 아니라 의거

윤봉길 의사가 훙커우 공원에서 폭탄을 던진 일은 테러가 아니라 의거입니다. 테러는 보통 개인이나 특정 조직이 폭력을 써서 적을 위협하거나 공포에 빠뜨리는 행위를 가리키는데, 폭력의 대상이 명확하지 않아서 죄 없는 민간인이 희생되는 경우가 많습니다. 하지만 윤봉길 의사가 폭탄을 던진 일은 개인적인 행동이 아니라 대한민국 임시정부가 창설한 '한인애국단'의 작전이었어요. 한인애국단 단원인 윤봉길 의사는 일본군 우두머리들을 공격하겠다는 뚜렷한 목적을 가지고 국가가 부여한 임무를 훌륭히 수행한 것입니다. 즉, 윤봉길 의거는 나라 대 나라의 전투 행위로 볼 수 있으며, 이를 '테러'라고 일컬어서는 안 될 것입니다.

우리의 적은 왜놈뿐이니
오늘 이 일을 실행함에 있어
결코 왜놈 이외의 각국 인사에게
해를 가하지 않도록 해달라.
_김구 선생이 윤봉길 의사에게 한
당부의 말

빨리 가요.
평달이 형 기다리겠어요.

어? 평달이 형…

위험해!

이 쥐새끼 같은 놈들!
벌써 다 튀었어!

저 사람들은…

어제
그 헌병들이야.

어제 들이닥쳐서
붙잡았어야 했는데…

프랑스인 행세하던 놈한테
깜빡 속는 바람에…

잡히기만 해봐라!
아주 혼쭐을 내줄 테다!

저 사람들이 여긴 왜…

김구 선생님을
잡으러 온 거겠지.

하지만 무사히
빠져나가신 모양이야.
다행이다.

그렇다면
평달이 형도…

가보자!

평달이 형…

텅

독립운동의 흐름을 바꾼 윤봉길 의사

1932년 이봉창 의사의 의거 활동 이후 대한민국 임시정부는 조금씩 생기를 되찾기 시작했어요. 이후 윤봉길 의사는 상해의 홍커우 공원에서 폭탄을 던지는 의거를 하며 한인애국단의 활동을 전 세계에 알렸고, 임시정부가 중국의 지원을 받을 수 있는 발판을 마련해주어 독립운동에 새로운 활력을 불어넣었어요. 그럼 윤봉길 의사의 삶은 어떠했는지 좀 더 자세히 살펴볼까요?

농촌계몽운동에 뛰어들다

윤봉길 의사의 본래 이름은 '윤우의'로, '봉길'이라는 이름은 독립운동을 위해 중국으로 떠난 후 스스로 붙인 이름입니다. 일종의 별명이라고도 할 수 있지요. 윤봉길 의사가 우리나라의 어두운 현실을 깨닫고 독립운동을 결심하게 된 것은 열아홉 살 때였습니다. 우연히 공동묘지 앞에서 글을 읽을 줄 몰라 부모님의 묘를 찾지 못하는 한 청년을 만났는데, 그 청년을 보며 윤봉길 의사는 빼앗긴 나라를 되찾기 위해서는 우리 민족이 먼저 똑똑해져야 한다는 생각을 갖게 되었습니다. 그리하여 자신의 집에 학교를 만들어 농민들에게 한글 가르치는 일을 시작했습니다.

마음속 깊은 뜻을 위해 상해로 가다

더 나아가, 윤봉길 의사는 독립을 위해 직접 움직여야겠다고 결심하고 1930년 중국으로 떠납니다. 뜻을 이루기 전에는 살아서 집에 돌아오지 않겠다는 굳은 의지가 담긴 글을 남기고서 말이죠. 상해에서 신분을 속이기 위해 중국인들에게 채소를 팔던 그는 백범 김구 선생을 찾아가 독립운동에 몸 바칠 각오를 했음을 보여주고 한인애국단에 가입하게 됩니다.

윤봉길 의사의 한인애국단
입단 선서문

윤봉길 의거가 가지는 의미

1932년 4월 29일, 일본 국왕의 생일과 상해사
변 승리를 축하하기 위한 행사가 훙커우 공원
에서 열렸습니다. 윤봉길 의사는 전쟁을 일으
킨 일본 장군들을 향해 수통 폭탄을 던졌습니
다. 역사적인 의열 투쟁이 마침내 성공하는 순

윤봉길 의거 직후 훙커우 공원의 모습

간이었지요. 당시 중국의 지도자였던 장제스는 윤봉길 의사의 의거에 크게 감동받아
임시정부의 독립운동을 도와줄 것을 약속했습니다. 또한 이 소식을 듣고 국내는 물
론 해외동포들까지 다시 임시정부에 돈을 보내며 지원하기 시작했죠. 윤봉길 의사의
의거는 독립에 대한 희망이 점점 사라져 가던 시기에, 우리 민족에게 다시 한 번 독립
의지를 일깨워주고 광복에 대한 자신감과 용기를 심어준 아주 뜻깊은 일이었습니다.

온달이와 함께 주문을 배워보자!

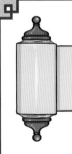

윤봉길 의사의 굳센 의지! 장부출가 생불환!

장부출가 생불환(丈夫出家生不還), 사내가 뜻을 품고 집을 나서면 살아서 돌아오지 않
는다! 바로 윤봉길 의사가 고향을 떠나 중국으로 향하기 전에 가족들에게 남긴 말이
야. 대한독립이라는 큰 뜻을 품고 이를 이루기 전에는 살아서 돌아오지 않겠다는 굳
센 각오를 느낄 수 있지. 이런 마음으로 우리나라의 독립을 위해 한목숨 바쳤던 윤봉
길 의사! 그 용기 있는 마지막 모습을 평생 가슴에 담아둘 거야.

독립을 향한 간절한 마음을 느껴보자!
매헌 윤봉길 의사 기념관

매헌 윤봉길 의사 기념관

윤봉길 의사의 애국애족 정신

신분당선 양재시민의숲역 5번 출구로 나오면 바로 윤봉길 의사 기념관에 도착할 수 있어. 건물 한가운데 있는 윤봉길 의사의 동상과 태극기를 보면 나도 모르게 마음이 경건해지지. 나라와 민족을 사랑하셨던 윤봉길 의사의 애국애족 정신을 이곳 기념관을 둘러보며 배워보자!

윤봉길 의사의 이야기가 있는 곳

윤봉길 의사가 쓴 편지들

기념관의 1전시실에서는 먼저 윤봉길 의사의 출생에서 순국까지 전 생애를 기록해놓은 연표를 볼 수 있어. 또한 국내에서 펼친 야학과 농촌계몽운동에 대한 자료도 전시되어 있지. 선생이 사용했던 생활용품과 가족에게 보낸 편지도 살펴보자. 특히 윤봉길 의사가 의거 직전 두 아들에게 남긴 편지(76쪽 참조)를 보고 있으면, 자식을 사랑하는 아버지의 마음이 전해지는 듯해.

윤봉길 의사의 독립운동 발자취

2전시실에서는 윤봉길 의사가 중국으로 망명해서 독립운동을 펼치다 순국한 후, 유해가 고국으로 돌아오기까지의 발자취를 지도로 한눈에 살펴볼 수 있어. 백범 김구 선생님과의 시계 교환, 폭탄 투척 의거의 순간, 순국 장면 등을 보여주는 영상을 감상하며 생생한 역사의 현장도 느껴볼 수 있지. 한쪽에 윤봉길 의사를 추모하는 공간도 마련되어 있단다. 그곳에서 꽃을 바치며 대한독립을 위해 목숨 바쳐 싸운 윤봉길 의사에게 감사의 마음을 전하는 시간을 가져보면 어떨까?

기념관 내 추모 공간

* 매헌 윤봉길 의사 기념관 | 서울 서초구 매헌로 99 | 02-578-3388 | www.yunbonggil.or.kr

 로빈이를 따라가는 **역사 타임머신**

그때 무슨 일이 있었을까?

 출발

1908년
충남 예산군에서
윤봉길 출생

1930년
3월
윤봉길, 중국으로 망명
윤봉길 선생은 23세에 '사내가 뜻을 품었으니
이를 이루기 전에는 살아 돌아오지 않겠다'는
뜻이 담긴 '장부출가 생불환'이라는
글을 남기고 중국으로 떠났습니다.

1932년
3월
상해에서 채소장수로
위장해 정보를 얻음.

1932년
4월 1일
김구 선생을 만나
독립운동에 몸 바칠
뜻을 전함.

1932년
4월 27일
**홍커우 공원 답사 후에
김구에게 4편의 유서를 작성해 전달**
윤봉길 선생이 4월 27일 남긴 유서에는
두 아들에게 보내는 편지도 있었습니다.
편지에는 자식에 대한 아버지의
사랑과 조국 독립을 향한
소망이 담겨 있습니다.

1932년
4월 29일
홍커우 공원에서
단상에 폭탄을 던져
일본군 장교 및
주요 인물에게
큰 피해를 입힘.

1932년
5월 25일
상해파견군 제9사단
군법회의에서
윤봉길에게
사형선고가 내려짐.

1932년
5월
김구, 상해의 각 신문에
이봉창, 윤봉길 의거의
주모자가 자신임을 발표함.
일제의 탄압을 피해
임시정부를 상해에서
항저우로 옮김.

1932년
12월 19일
윤봉길,
25세의 나이로
순국함.

3화
임시정부의 시련

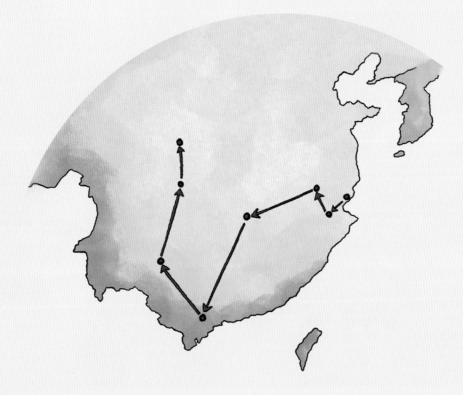

김구 선생이 은신해 있는 자싱이라는 도시를 찾아간 설쌤 일행은 또 한 번 밀정으로 오해받아 갇히게 됩니다. 그런데 그곳에서 우연히 김구 선생과 평달이의 대화를 듣게 됩니다. 과연 설쌤 일행은 위기에서 무사히 빠져나올 수 있을까요? 또, 평달이를 찾아 공갈이의 소식을 들을 수 있을까요?

생각해 보아요.
- 윤봉길 의거 이후 임시정부가 이동한 경로를 살펴봅시다.
- 김구 선생과 임시정부를 도와주었던 외국인들에 대해 알아봅시다.
- 남목청 사건에 대해 살펴봅시다.

설쌤의 역사톡톡
| 대한독립을 함께 꿈꿨던 푸른 눈의 독립운동가 조지 애시모어 피치 |

조지 애시모어 피치는 어린 시절부터 중국 상해에서 선교사로 활동하던 아버지가 한국의 독립운동을 지원하는 모습을 보며 성장했어요. 1932년 4월, 윤봉길 의사의 의거로 인해 김구 선생을 비롯한 독립운동가들이 일본 경찰에 쫓기게 되었을 때 자택에 숨겨주었고, 일제가 수사망을 좁혀오자 이들을 중국인으로 위장시켜 탈출을 도와주었습니다. 또한 윤봉길 의거 이후 한국인에 대한 일본 경찰의 감시와 불법체포가 심해지자, 상해의 프랑스계 언론과 경찰서장에게 편지를 보내 일본을 강하게 비판했고, 프랑스가 이를 지켜보고만 있다며 항의했답니다. 피치 선생은 대한독립을 위해 다양한 활동을 펼친 공로를 인정받아, 1952년 대한민국 정부로부터 문화공로훈장을, 1968년에는 건국훈장 독립장을 수여받았습니다.

99

끝까지 쫓아가서
잡고 말 테다!

김구든 누구든
눈에 띄기만 해봐라!

나쁜 놈들! 김구 선생님이
뭘 잘못했다고.

윤봉길 의거 이후,
일본은 김구 선생님을
붙잡기 위해 혈안이 되어 있어.

60만 원…?

WANTED

김 구

600,000

김구 선생님한테
현상금이 걸린 거야.

겨우 60만 원?

이 당시 60만 원은 지금 가치로 200억 원 정도 되는 돈이야.

헉! 200억이라고요?

펑달이 형 나빠. 약속도 안 지키고…

일본 헌병이 들이닥치는 바람에 정신이 없었을 거야.

이제 공갈이는 어떻게 찾죠?

펑달이는 김구 선생님을 모시고 피신했을 테니, 일단 김구 선생님 행방을 찾아봐야지.

이 넓은 중국 땅을 다 뒤지고 다니자고요?

토닥 토닥

척

응?

이게 바로 임시정부가 이동하는 경로야.

윤봉길 의사의 의거 이후, 김구 선생님과 임시정부는 중국 이곳저곳으로 옮겨다녀야 했어.

헉! 이렇게 자주요?

일본의 감시가 워낙 심했거든.

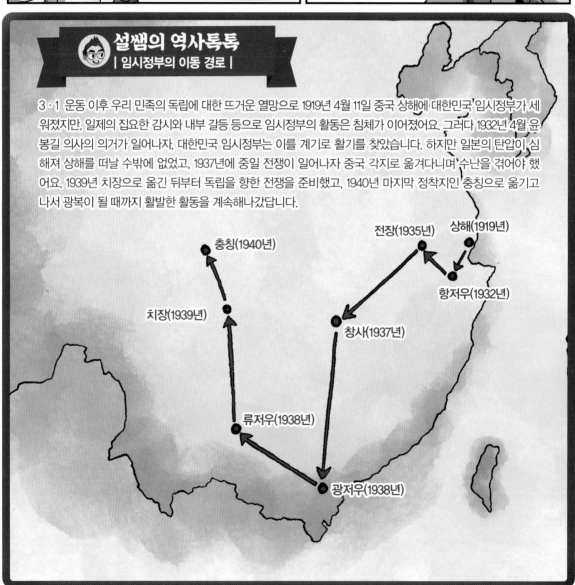

설쌤의 역사톡톡
| 임시정부의 이동 경로 |

3·1 운동 이후 우리 민족의 독립에 대한 뜨거운 열망으로 1919년 4월 11일 중국 상해에 '대한민국' 임시정부가 세워졌지만, 일제의 집요한 감시와 내부 갈등 등으로 임시정부의 활동은 침체가 이어졌어요. 그러다 1932년 4월 윤봉길 의사의 의거가 일어나자, 대한민국 임시정부는 이를 계기로 활기를 찾았습니다. 하지만 일본의 탄압이 심해져 상해를 떠날 수밖에 없었고, 1937년에 중일 전쟁이 일어나자 중국 각지로 옮겨다니며 수난을 겪어야 했어요. 1939년 치장으로 옮긴 뒤부터 독립을 향한 전쟁을 준비했고, 1940년 마지막 정착지인 충칭으로 옮기고 나서 광복이 될 때까지 활발한 활동을 계속해나갔답니다.

충칭(1940년)

치장(1939년)

전장(1935년)   상해(1919년)

항저우(1932년)

창사(1937년)

류저우(1938년)

광저우(1938년)

그럼 상해에서 옮겨간 곳으로 가보면 되겠네요.

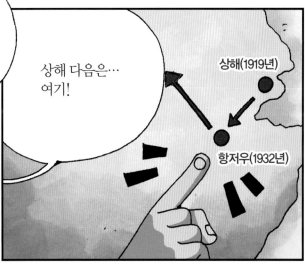

상해 다음은… 여기!

상해(1919년)

항저우(1932년)

아냐. 임시정부는 항저우로 옮겨갔지만, 김구 선생님 피난처는 약간 달랐어.

지금 이 시기라면, 항저우에서 조금 떨어진 자싱이라는 도시에 계실 거야.

일본에 맞서 싸우는

대한민국 임시정부!

우아, 엄청 예쁘다!
자싱은 물의 도시라 불리는 아름다운 곳이야.
내 덕분에 엄청 좋은 구경…
설쌤, 지금 구경할 때가 아닌 것 같… 으악!
풍덩

자싱은 물의 도시니까
아름다운 호수를 감상···

하나도 눈에
안 들어오거든요!

사방이 호수라
어디가 어딘지 모르겠네.

어? 배다!

잡으세요.

와, 살았다!

아이쿠야!

덕분에 살았습니다.

어쩌다가…

누구를 찾아가다가 그만…

아, 이분한테 추푸청 선생의 양아들 별장이 어디인지 물어보면 되겠다!

추푸청요?

중국 국민당 간부이자 항일운동가인데, 자싱에서 김구 선생님의 피난을 도와주셨던 분이야.

혹시… 추푸청 선생의 양아들 별장이 있는 곳을 아세요?

알지요. 그런데 거긴 왜…?

아, 김구 선생님을 찾아왔거든요.

김구 선생님…?

아, 내 정신 좀 봐. 이 무렵 김구 선생님은 가명을 사용하셨지.

왜 가명을 사용해요?

일본이 수색망을 좁혀오자, '장진구'라는 가명을 사용하며 중국인 행세를 하셨거든.

거기 장진구 선생님이 머물고 계시지 않나요?

장진구 선생님을
어떻게… 흡!

아, 제대로
찾아왔네요!

그분에게 좀 데려다주세요.
꼭 만나야 하거든요.

제발요~

고맙습니다!

저기인가 봐요.

저를 따라오세요.

왜, 왜 이러세요?

어떻게 좀 해보세요!

어…?

어, 어떡하지…?

옳지, 그 방법이 있었지!

꼬몽 딸랑딸랑~

뭐가 어째?

어? 안 먹히네…

안 되겠다.

봉주르~
마드무아젤!

저 자식, 뭐라는 거야?

으악!
이게 아닌데…

끌고 가!

어떡해…

들어가!

끄으윽!

왈!

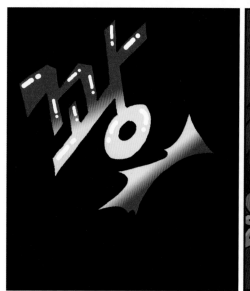

응?

아까 그 호수…?

선생님!

응?

평달 동지,
무슨 일인가?

어…?

장제스 총통으로부터
연락이 왔습니다!

뤄양 군관학교에 한인 훈련반을 설치해주겠답니다.

그게 정말인가? 이렇게 반가운 일이…

이제 우리도 군인을 훈련해, 좀 더 체계적으로 일본에 맞설 수 있게 됐습니다.

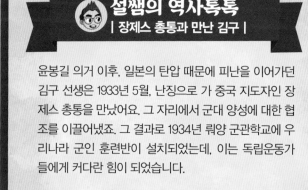

설쌤의 역사톡톡
| 장제스 총통과 만난 김구 |

윤봉길 의거 이후, 일본의 탄압 때문에 피난을 이어가던 김구 선생은 1933년 5월, 난징으로 가 중국 지도자인 장제스 총통을 만났어요. 그 자리에서 군대 양성에 대한 협조를 이끌어냈죠. 그 결과로 1934년 뤄양 군관학교에 우리나라 군인 훈련반이 설치되었는데, 이는 독립운동가들에게 커다란 힘이 되었습니다.

항저우 임시정부로 가서 이 사실을 알리고, 군인들을 모집해야겠네.

직접 가신다고요?

언제까지 자네들만 희생시킬 순 없잖은가? 위험하더라도 내가 앞에 나서야겠네.

안 됩니다, 선생님!

지금 상황에서 선생님은 임시정부 그 자체이십니다. 선생님께 무슨 일이라도 생긴다면 독립운동 자체가 무너질 수도 있습니다.

계속되는 희생을 바라보기 힘드시다는 것 잘 알지만, 선생님은 살아 계시는 게 중요합니다.

흐음…

항저우에는 제가 다녀오도록 하겠습니다.

펑달이 자네…

참!

상해에 맡겨놓고 왔다는 아들 소식은 들었는가?

아…

네… 잘 지낸다는 소식은 들었습니다…

아직 어린데… 아버지가 그리울 거야…

그 녀석 보고 싶어서라도, 빨리 나라를 되찾아야지요.

날 지키느라 아들도 챙기지 못하는 자네를 보니 마음이 더 아프네.

그런 말씀 마십시오.

어린 자식들을 두고 목숨을 바친 윤봉길 의사도 있는데, 이 정도가 무슨 아픔이겠습니까?

그리고 이별의 아픔은 잠깐이지만, 나라를 되찾지 못하면 망국의 설움은 평생 가지 않겠습니까?

단지…

응?

급하게 동포 집에 맡기고 빠져나오느라, 아들 녀석 이름 석 자 지어주지 못한 게 못내 마음에 걸릴 뿐입니다.

아니, 뭐라고?

집에서 키우는 개도 제 이름이 있거늘, 하물며 금쪽같은 자식에게 어찌 여태 이름도 지어주지 않았단 말인가?

…

자네 닮은 아들이라면
멋진 이름을 지어줘야겠군.
그 이름 내가 지어줘도
되겠는가?

정말요?

그렇게만 해주신다면 그보다
큰 영광이 어디 있겠습니까?

좋은 이름
생각해보겠네.

선생님!

큰일 났어요!

무슨 일인가?

수상한 자들이
선생님의 거처를 묻기에…

수상한 자들…?

아무래도 현상금을 노리고
선생님 뒤를 캐고
다니는 자들 같았어요.

큰일입니다.
선생님께 걸린 현상금이 워낙
막대하다 보니…

그래서 어찌하셨습니까?

하인들을 시켜 일단 헛간에 가둬두긴 했는데…

그 작자들은 어찌하지?

이렇게 하면 어떨까요?

어떻게요?

속닥 속닥

으음… 좋은 생각이네요.

어럽!

여기 일은 우리가 알아서 처리할 테니, 자네는 얼른 항저우에 다녀오게.

네, 알겠습니다.

끄응… 으윽…

선생님, 빨리요!

어? 아까 그 뱃사공이잖아?

옆에는 김구 선생님…?

저자들은 어쩌고?

하인들에게 단단히 일러두었으니, 걱정 마세요.

일단 선생님은 다른 사람 눈에 안 띄는 곳에 잠시 피신해 계시는 게 좋겠어요.

나 때문에 자네가 이 무슨 고생인가?

이 노고를 무슨 수로 보답할지…

선생님, 저는 보답을 바라지 않아요.

선생님을 위해 평생 노를 저을 수만 있다면, 그것이 저의 행복이랍니다.

저 뱃사공이 주아이바오였구나.

주아이바오…

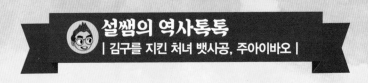

설쌤의 역사톡톡
| 김구를 지킨 처녀 뱃사공, 주아이바오 |

상해를 떠난 김구 선생은 중국인 행세를 하며 중국 이곳저곳에 숨어 지냈지만, 중국어가 서툴러서 신변이 탄로 날 위기에 처하곤 했어요. 이때 민족 지도자인 김구 선생님을 존경하고 따르며 도와주었던 중국 여인이 뱃사공 주아이바오였습니다. 경찰이 찾아올 때면 주아이바오가 추격을 따돌리며 위기를 모면하기도 했어요. 김구 선생이 『백범일지』에 "실로 공로가 적지 아니하다"라고 적을 정도로, 주아이바오는 위험 속에서 김구 선생을 도와준 고마운 동지였습니다.

음… 음…!

어서 데리고 가세.

얌전히 따라와.

빨리 타!

끄응!

우리를 어디로
데려가시는 거예요?

우리도 어쩔 수 없구나.

너희를 살려주었다가는
임시정부가 위험해질 테니 말이야.

네에?

안 돼!!

로빈 덩치로는
무리야.

오! 그래, 로빈!

됐어!

우리를 현상금 사냥꾼으로 오해하고,
물에 빠뜨리려고 했던 거야.

로빈, 너 아니었으면 징말 큰일 날 뻔했어.

날도 곧 어두워지겠어.

한참 떠내려온 거 같은데…

그런 데다 김구 선생님은 몸을 피하셨고, 평달 오빠도 어디 간다고 나가버렸잖아요?

그러게…

설쌤, 빨리요! 이러다 배 가라앉겠어요!

호수가 하도 넓어 어디가 어디인지 알 수가 없으니, 이를 어쩐다…?

분필?

여기는… 회청교…?

아, 김구 선생님이 고물상 행세를 하며 숨어 지내셨다는 곳이야.

고물상요?

김구 선생님을 잡기 위해 혈안이 된 일본은 암살자까지 보낼 정도였어.

암살자까지요?

얼마나 고단하셨을까?

근데 고물상 같은 건 안 보이는데요.

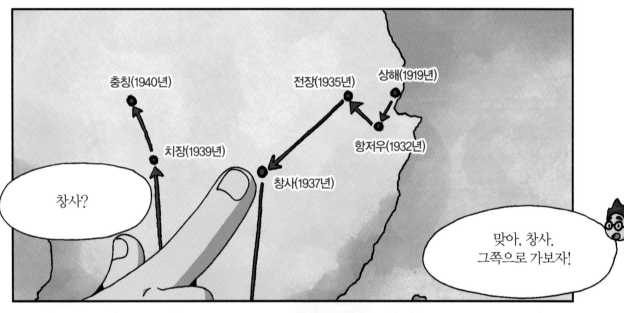

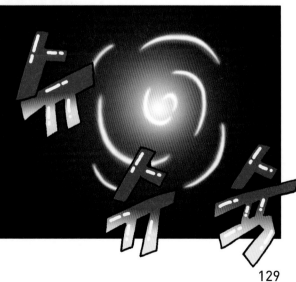

1938년 5월 7일

여기가 어디지?

앗, 김구 선생님이다!

정말?

빨리 가봐요!

그, 그래…

김구 선생님이 계시니까 평달 오빠도 있겠지?

당연히 있겠지.

평달이 형, 만나기만 하면 가만 안 둘 거야!

여긴 조선혁명당 본부인 남목청…?

왜요?

아, 그게…
흩어져 있는 독립운동의 힘을
하나로 모으기 위해,
이곳에서 김구 선생님이 이끄는
한국국민당, 조소앙의 한국독립당,
지청천의 조선혁명당이 서로 힘을
합치는 것을 의논하려고 회의를 열었거든.

혹시 오늘이 그날인가…?

그날이라니요?

그 회의에서
김구 선생님이… 윽!

탕

탕 탕 탕

131

임시정부의 이동 경로를 알려주는 자료

상해의 대한민국 임시정부는 윤봉길 의사의 의거 이후 일본의 극심한 탄압에 시달려 더 이상 활동을 이어가기가 힘든 상황이었습니다. 그래서 윤봉길 의거가 일어난 1932년에 대한민국 임시정부는 상해에서 항저우로 이동했고, 그 이후에도 중국 이곳저곳으로 계속 옮겨다녀야 했습니다. 이 피난 행렬은 임시정부가 1940년 충칭에 자리 잡으면서 끝이 났습니다.

독립운동가 양우조, 최선화 부부의 일기

일본의 추격을 피하며 대한민국 임시정부는 먼 길을 떠났습니다. 임시정부의 이동 흔적과 관련한 중요한 사료가 있는데, 독립운동가인 양우조, 최선화 부부의 일기입니다.

양우조, 최선화 부부

두 사람은 1937년 김구 선생의 주례로 결혼을 하여 1938년에 딸 제시를 낳았습니다. 제시를 낳은 이후부터 1946년 4월까지 8년 동안 부부의 일기가 이어졌는데요, 일기 속에는 광저우와 류저우, 치장을 거쳐 충칭까지 옮겨간 대한민국 임시정부의 이동 경로가 담겨 있어요. 일본 공군기의 기습을 피하기도 하는 등 힘들었던 여정이 자세하게 나와 있는 사료입니다.

1938년 7월 4일 제시의 탄생

제시의 일기

"아기 이름을 제시라고 지었다. 집안의 돌림자가 '제' 자인데 '제시'라는 이름이 생각났다. 영어 이름이다. 조국을 떠나 중국에서 태어난 아기. 그 아이가 자랐을 때는 우리나라가 세계 속에서 당당하게 제 몫을 하기를 바라는 마음으로, 또한 세계 여러 나라 사람들 사이에서 능력 있는 한국인으로 활약하는 데 불편함이 없도록 지었다."

1938년 11월 29일

"하지만 이 순간 모두의 마음속에 바라는 것은 하나일 것이다. 나의 조국, 조선을 당당하게 우리의 손으로 찾아내는 것, 고향을 되찾아 자랑스레 고향에서 살아가는 것이다. 당연하지만 당연하지 않게 되어버린 일. 조국에서 살기 위해서 먼 타국을 전전하면서도 우리에겐 그 소망과 과제가 있기에 고개를 들고 산다. 나라 잃은 민족이 아니라 나라를 되찾으려는 열정의 민족으로 살고 있기에…"

이처럼 부부의 일기에서는 부모의 애틋한 사랑과 독립운동의 어려운 상황 속에서도 희망을 잃지 않는 굳건한 모습을 찾아볼 수 있습니다. 이 시기의 임시정부 기록 대부분이 소실되었기 때문에, 이 일기는 중일 전쟁 시기 임시정부의 이동 경로를 알려주는 거의 유일한 기록입니다.

온달이와 함께 **주문을 배워보자!**

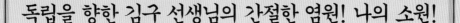

독립을 향한 김구 선생님의 간절한 염원! 나의 소원!

네 소원이 무엇이냐 하고 하느님이 내게 물으시면, 나는 서슴지 않고 "내 소원은 대한독립이오" 하고 대답할 것이다. 그다음 소원은 무엇이냐 하면, 나는 또 "우리나라의 독립이오" 할 것이요, 또 그다음 소원이 무엇이냐 하는 세 번째 물음에도, 나는 더욱 소리를 높여서 "나의 소원은 우리나라 대한의 완전한 자주독립이오" 하고 대답할 것이다.

이 글은 백범 김구 선생님의 '나의 소원'이야! 1945년 광복 이후 우리나라의 진정한 독립과 민족 통일을 이루고자 했던 김구 선생님의 의지가 담긴 글이지. 『백범일지』에 들어 있는 '나의 소원'을 읽으며 김구 선생님의 숨결을 느껴보자!

백범 선생님의 정신을 기리며
백범 김구 기념관

백범 김구 기념관

한눈에 볼 수 있는 김구 선생님의 생애

앞서 독립운동가들의 묘가 있는 효창공원을 살펴봤지? 그 효창공원 안에 김구 선생님의 정신을 기리기 위한 곳인 백범 김구 기념관이 있어. 김구 선생님의 어린 시절부터 임시정부에서 펼친 다양한 독립운동, 그리고 광복 후 우리나라의 분단을 막기 위해 부단히 노력한 김구 선생님의 모습을 모두 살펴볼 수 있다고 해!

잘 알려지지 않은 김구 선생님의 활동, 동학농민운동

김구 선생님은 1893년 '모든 사람은 평등하다'고 주장하는 민족종교인 동학에 가담하면서 이름을 '창수'로 바꿨어. 김창수는 어린 나이에도 활발한 활동으로 많은 사람을 동학으로 이끌며 한 지역의 책임자가 되었어.

동학의병활동 전시실

황해도에서 동학농민운동이 일어나자 선봉장으로 나섰지만 관군에 대패하고 말았지. 이후 선생님은 안태훈 진사의 도움으로 거처를 얻게 되었는데, 안태훈 진사가 바로 안중근 의사의 아버지야. 안중근 의사와 김구 선생님의 인연은 이때부터 시작됐어.

『백범일지』, 책으로 만나보는 김구 선생님의 독립 의지

나라를 빼앗긴 후 국내에서 독립운동을 하다 경찰에 붙잡힌 김구 선생님은 감옥 안에서 '백범'이라는 호를 지었어. 1919년 3·1 운동 이후 일제의 탄압이 심해지자, 선생님은 이륭양행의 배를 타고 중국 상해로 건너가 독립운동에 헌신했지. 그곳에서 『백범일지』를 집필하기 시작한 거야. 상권은 두 아들에게 쓴 편지 형식의 머리말을 시작으로, 선생님의 어린 시절과 국내에서 펼쳤던 독립운동에 대해 기술했고, 하권에는 한인애국단과 한국광복군 등 임시정부의 활동 내용이 자세히 담겨 있어. 2층 전시실에서 『백범일지』의 모습과 함께 김구 선생님의 가족 이야기를 살펴볼 수 있단다. 효창공원에서 독립운동가들의 묘를 돌아보고, 백범 김구 기념관에서 선생님의 굳건한 독립 의지도 느껴보자!

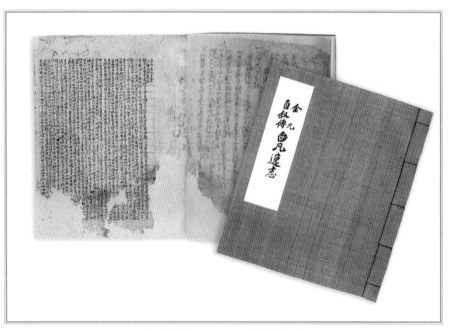

보물 제1245호로 지정된 『백범일지』

그때 무슨 일이 있었을까?

출발

1919년
상해 임시정부 수립
김구, 대한민국 임시정부의
경무국장으로 임명됨.
초기 임시정부를 주도하던 안창호 선생은
국무회의를 거쳐 김구 선생을
경무국장에 임명했습니다.
5년 정도 재임하면서 임시정부의 안전을 책임지는
직무를 충실히 수행했어요.
이때를 시작으로 김구 선생은
임시정부를 끝까지 지켜나갔습니다.

1928년
『백범일지』
집필 시작

1931년
한인애국단을
조직하며
의열 투쟁 계획

1932년
임시정부, 상해에서 항저우로 이동
한인애국단 단원인 이봉창과 윤봉길의 의거가
일어난 이후 일본의 탄압이 심해지자,
김구 선생은 상해 지역 신문에
의거의 주모자가 본인이라고 밝혔습니다.
임시정부는 일제의 감시를 피해
항저우로 옮기게 되었습니다.

1937년
임시정부, 전장에서
창사로 이동함.

1938년
남목청 사건이 일어남.
임시정부, 광저우로
이동했다가
다시 류저우로 이동함.

1940년
임시정부, 충칭으로 이동함.
임시정부의 군대인
한국광복군 창설

4화
한국광복군 창설

온갖 노력 끝에 설쌤 일행은 마침내 평달이를 만나 정체를 알게 됩니다! 일본의 극심한 탄압 때문에 중국 이곳저곳으로 옮겨다니던 임시정부는 충칭에 자리를 잡고 독립군 부대를 창설합니다. 조국의 독립을 위해 열심히 훈련하는 군사들에게 설쌤 일행은 무엇을 해줄 수 있을까요?

생각해 보아요.
- 충칭 임시정부의 활동에 대해 알아봅시다.
- 한국광복군의 형성 과정을 살펴봅시다.
- 우리나라가 광복을 맞게 된 과정을 알아봅시다.

139

평달 오빠까지…
흑흑!

하필 오늘 남목청 사건이 터지다니!

남목청 사건요?

설쌤의 역사톡톡
| 김구 선생이 총에 맞은 남목청 사건 |

중국 후난성 창사시에 있는 남목청 6호는 대한민국 임시정부가 창사에 머물던 시절, 조선혁명당 본부로 사용하던 곳이에요. 이곳에서 1938년 5월 7일, 흩어져 있는 독립운동의 힘을 하나로 모으기 위해 한국국민당, 한국독립당, 조선혁명당이 합당을 논의하고 있었어요. 그런데 회의 도중 이운환이 쏜 총에 맞아 김구 선생이 중상을 입었습니다. 이운환의 배후에는 일본의 밀정이 있었다고 해요. 김구 선생은 병원으로 실려간 후의 상황을 기억하며 『백범일지』에 이렇게 적었습니다. "의사가 나를 진단해보고는 가망이 없다고 선언하여, 입원 수속도 할 필요 없이 문간에서 명이 다하기를 기다릴 뿐이었다." 몇 시간 후 김구 선생은 기적적으로 살아났어요. 하지만 함께 회의를 하던 조선혁명당의 현익철 선생은 총에 맞아 사망하고 말았습니다.

살려주실 거죠?
네?

마음의 준비를
하시는 것이…

후…

안 돼,
평달이 형!

환자분이
온달이라는 사람을 찾는데요.

들어가보시죠.

하아… 하아…

기, 김구 선생님은…?

선생님은 괜찮으셔. 걱정 안 해도 돼.

서, 선생님을 지키지 못하다니…

바보! 지금 다른 사람 걱정할 때야?

으으… 크윽…

오, 온달아…

왜, 형?

하아…
내가 준… 머리띠…

머리띠?

응, 여기 있어!

그거… 누구 건지…
모르겠어?

왜 몰라?
명량 대첩 때
이순신 장군님이
공갈이한테 주신 거잖아.

허억… 그래…
그때 탈출하면서…

그 머리끈으로…
우리 둘 손을 묶고…

우리 둘?

자식, 눈치 없기는…
정말 바보 온달이라니까…

설마, 형이 공갈이…?

평달… 평강과 온달에서
한 글자씩 따서…?

그런데 왜 우리를
모른 척했던 거야?

맞아요, 공주님!

하아… 공주님과
바보 온달을…
잊지 않으려고…

날 데리러 온 거잖아…

으윽!

빼앗긴 나라를
되찾으려고 싸우는
독립투사들을 두고
어떻게 떠나?

난 돌아갈 수 없었어.

평달 오빠, 아니, 공갈아, 괜찮아!
우리가 널 살릴 수 있어!

조선이 일본한테 지배당하는 모습에
너무 큰 충격을 받아서···
3·1 운동에··· 그리고
독립운동에 뛰어든 거야.

그래, 널 데리고 고구려로
돌아갈 거니까 걱정 마!

설쌤! 빨리 분필 꺼내··· 응?

아니!

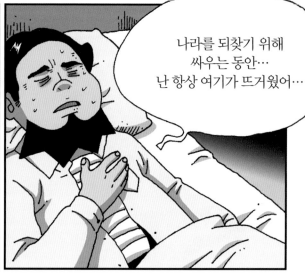

나라를 되찾기 위해
싸우는 동안···
난 항상 여기가 뜨거웠어···

이 자부심을
빼앗아 가지 말아줘···

공갈아···

대신 마지막으로
부탁이 있어.

응?

공갈이 아들을 찾으러 가기 전에, 김구 선생님은 어떠신지 좀 살피고 가자.

그래요. 공갈이도 끝까지 김구 선생님을 걱정했잖아요.

의사도 무조건 안정을 취해야 한다 했잖습니까.

어? 선생님 저기 계세요!

위기에 빠진 임시정부를 하루빨리 추슬러야 하네.

글쎄, 선생님 몸부터 챙기셔야 한다니까요!

독립을 보고자 하는 마음 하나로 내 곁을 지키던 평달 동지를 잃었네.

그런데 어찌 자리보전만 하고 있으란 말인가?

또 조국에는 여전히 핍박받는 동포들이 있고…

상처도 아물지 않은 몸으로 어쩌시려고…

내가 나서서 독립의 꿈을 앞당겨야 하지 않겠는가?

선생님 고집을 무슨 수로 꺾겠습니까…

김구 선생님은 정말 괜찮으신 거예요?

응, 가슴에 총탄을 맞는 중상을 입긴 하셨지만, 다행히 기력을 회복하셨어.

설쌤의 역사톡톡
| 임시정부의 정신적 지주, 백범 김구 |

1938년은 임시정부 역사에서 중요한 해였어요. 중일 전쟁이 벌어지던 시기였는데, 우리는 이 틈을 타 일본과의 전쟁을 통해 독립을 이루고자 했죠. 김구 선생이 구사일생으로 살아난 이후, 임시정부는 곧 충칭에 정착했고 김구 선생은 임시정부 주석에 취임했어요. 그러고는 분열된 임시정부를 추스르고, 이념에 따라 흩어진 독립운동의 방향을 모으는 데 총력을 기울였습니다. 그리고 한국광복군을 창설하고 일본에 선전포고를 하며 독립을 위한 마지막 준비를 진행하게 됩니다.

당시의 김구 선생은 임시정부의 정신적 지주, 더 나아가 임시정부 그 자체였다 해도 지나치지 않습니다. 분열과 위기의 시대에 김구 선생과 같은 지도자의 존재는 조국의 앞길을 비춰주는 등불과도 같았어요.

이제 우리는 공갈이 아들을 찾으러 가자.

史

네!

설쌤…

응?

공갈이가 김구 선생님을 못 지켜드렸다며 자책했잖아요. 공갈이 대신 우리가 김구 선생님을 조금만 도와드리고 가면 어떨까요?

하긴, 그러면 공갈이도 기뻐할 거야.

김구 선생님을…?

그럴까?

김구 선생님이 가장 바쁘실 때가 언제예요?

아무래도 임시정부를 정착시키고 한국광복군을 창설할 때겠지?

광복군 창설은 임시정부가 여기 충칭에 있을 때야.

임시정부의 마지막 정착지, 충칭으로!

그런데 생각보다 병사들이 많지는 않네요?

이곳 충칭은 우리나라와 멀리 떨어진 곳이다 보니, 아무래도 군인 모집에 어려움이 많았어.

시간 나면 광복군 군사 모집하는 것도 좀 도와드리자.

네!

🙂 썰쌤의 역사톡톡
| 한국광복군 창설 |

한국광복군은 대한민국 임시정부의 군대입니다. 중국 이곳저곳으로 피난처를 옮겨다니던 임시정부는 그 당시 중국의 임시수도였던 충칭에 정착하면서, 비로소 1940년 9월 17일 한국광복군 총사령부를 세우게 되었어요. 총사령관은 지청천 장군이었습니다. 당시 제2차 세계대전이 벌어지고 있었는데, 임시정부는 광복군을 통해 일본에 선전포고를 하고 우리 힘으로 조국을 되찾겠다는 굳건한 의지를 드러냈습니다.

오늘 하루도 수고 많았다!

오늘 흘린 이 땀방울이 대한독립이라는 결실을 가져다줄 것이다!

네!

다들 저녁 맛있게 먹도록!

와~

한가득 담아줘요.

광복군이 되고 나서부터는 일본놈들이 하나도 무섭지 않아!

난 왜놈들 무찌를 날만 기다리느라 눈이 빠질 지경이라네.

157

휴우…

군인 아저씨들이
다들 기운이 없네.

훈련할 땐 호랑이라도
때려잡을 것 같더니만,
저녁 먹고 나면 항상 저런단다.

훈련이
힘들었나 봐요.

훈련이 고되어서가 아니라,
고향 생각, 가족 생각이
나서 그래.

기운 나게 해줄
방법이 있으면 좋으련만…

음…

아!

좋은 생각이긴
한데…

난 부끄러움을
많이 타서…

괜찮아요.

같이 하면 되죠.

어… 어!

저희가 깜짝 선물을
준비했어요.

서, 선물…?

푸른 하늘 은하수~♪

이 노래는 '반달'…? '반달'을 이 당시에도 불렀어요?

그럼! '반달'은 마땅한 우리 노래가 없던 시절, 온 국민이 즐겨 부르던 노래였어.

♫ 돛대도 아니 달고~

싯대도 없이~ ♪

그래, 반드시 나라를 되찾아서 고향 땅으로 돌아가자고!

물론이지!

평강이 노래는
마음을 울리는 힘이… 응?

푸른 하늘이라…

어? 김구 선생님…

참 많은 사람들이 목숨을 바쳤지만,
독립을 보지 못하고 떠났지.

못 보던 아이인데,
어디에서 왔느냐?

아, 김구 선생님…

저희는 공갈… 아니, 평달 오빠의
부탁을 받고 가는 길에 잠시…

평달이라고?

나라를 되찾고
다시 아들 만날 날만 기다리더니…
독립도, 아들도 못 보고 이리
허망하게 세상을 떠나다니…

선생님,
저희가 평달이 아들을
만나러 갈 겁니다.

정말이오?

그렇다면 이걸
가지고 가시오.

뒤
적

약속만 하고 미처
전해주지 못했다오.

나도 같이 가고 싶지만,
이곳에 남아 해야 할 일이
산더미라서…

그럼 조심히들
다녀와요.

선생님,
윤봉길 아저씨와
평달이 형의 소원을
꼭 이루어주세요!

이제 때가 되었소!

한국광복군 훈련이 마무리되고 있으니, 이제 국내로 진격해 일본에 빼앗긴 조국을 되찾읍시다!

9월을 거사일로 잡는 것이 좋겠소.

드디어 그날이 왔군요!

선생님!

일본놈들이 항복했답니다!

뭐라?

왜적의 항복은 내게 희소식이 아니었다.
오히려 하늘이 무너지고 땅이 꺼지는 느낌이었다.
오랫동안 벼르고 벼르며 애써 참전을 준비한 일들이
실행도 해보기 전에 전부 헛일이 돼버렸기 때문이다.
게다가 임시정부가… 이번 전쟁에서 기여한 바가 없어
장차 국제무대에서 발언권이 미약할까 걱정스러웠다.

_『백범일지』중에서

그래도 1945년에 광복을 맞았으니, 김구 선생님과 임시정부의 노력이 헛된 것은 아니죠?

물론이지!

하지만 광복 이후 한반도 상황은 김구 선생님의 의지와는 달랐어. 분단과 대립이 이어졌으니 말이야.

그럼 김구 선생님은 어떻게 되셨어요?

이건 또 다른 이야기이니, 기회가 된다면 다시 한 번 김구 선생님을 만나서 들어보자.

여기예요!

실례합니다!

딱

아무도 안 계세… 아얏!

하하하!
이 나쁜 놈들!
맛이 어떠냐?

저 녀석이!!

혹시 네 아버지가
평달이냐?

영락없는 평달,
아니, 공갈이네요.

어림없다, 일본 끄나풀들!
우리 아버지는 지금
너희 같은 놈들 잡으러
독립운동 하러 가셨다!

우리는 나쁜 사람이 아니야.
너희 아버지와 친구야.
이걸 봐.

어? 아버지다!

정말 아버지
친구들이야?

그렇다니까.

자, 선물!

선물…?

너, 이름 없지?

나 이름 있거든!
개, 개똥이…

창피하게 이름은 왜 물어?
개똥이는 진짜 이름 아니야.
그냥 사람들이 부르는 이름이지.

아버지가 독립운동 끝나면
지어주신다고 했단 말이야!

어서 펼쳐봐.

공칠…?

공칠… 공칠… 꼭 원래
내 이름이었던 것 같아.

오늘부터 넌
개똥이가 아니야.

근데 우리 아버지는
왜 안 와?

그게…

어떻게 된 거냐면 말이지…

짜촛
치촛

그래, 실컷 울어…

아니!

난 울지 않아!

아버지가 그랬어. 어머니도 조국을 위해 싸우다 돌아가셨다고… 그런데 그만큼 독립을 앞당겼으니 슬픈 게 아니라 기뻐해야 하는 거라고!

넌 우리랑 같이 고구려로 갈 거야.

고구려…?

공갈이가
떠나다니…

난 네 아비의 스승인 황 박사란다.
너도 나를 스승님이라고 부르거라.

난 네 스승의
스승 같은 사람이란다.
큰 스승님이라고 부르면 돼.

큰 스승?
누가 누구의
스승이야!

그냥 이 스승님의 부족한
막냇동생 정도로 생각하렴.

부족하긴!
대학사인 내가
뭐가 부족해?

공갈 공자의 일은
애석하게 되었구나.

그럼에도 온달 공자는
공갈 공자의 명예를 지켜주었고,
부마가 되기 위한 사명을 다하였다.

173

들으라! 나는 오늘 정식으로
온달을 부마로 인정하노라!

온달과 평강의 결혼을
준비하도록 하라!

와아~ 결혼…!

샥
샥

폐하, 아니 되옵니다!
부마라니요? 비록 부마 시험을
통과했다고 하나,
신분이 낮은 평민 아닙니까?

까
짝

그렇사옵니다! 귀족인
공갈 공자가 돌아오지 않는 이상,
이 시험은 무효입니다!

갑자기 분위기가…

이게… 어찌 된 일이지…

공갈 공자의 일은
참으로 안타깝기 그지없소.
그러나 이미 모든 절차를 거쳐
부마가 결정되었소!

그대들도 동의한 것
아니오?

그거야…

공갈 공자가
부마가 될 줄 알고…

틀린 말도 아닌데
뭐라고 합니까?

뭐라고 말 좀
해보시오!

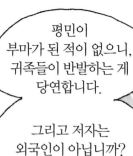

평민이 부마가 된 적이 없으니, 귀족들이 반발하는 게 당연합니다.

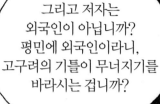

그리고 저자는 외국인이 아닙니까? 평민에 외국인이라니, 고구려의 기틀이 무너지기를 바라시는 겁니까?

그대들은 폐하께서 어찌 해주셨으면 좋겠소?

귀족 자제라면 반드시 다녀야 하는 태학에 입학하고!

그 태학에서 치러지는 시험에서 다른 귀족들과 겨뤄 1등을 한다면!

저희 귀족들도 더 이상 반대 없이 온달 공자를 부마로 모시겠나이다!

아니, 저자들이…!

아니, 우리 온달 공자가 무엇이 부족해서 또 검증을 한단 말입니까?

부족한 게 없다면 겁낼 것도 없지 않소?

설 박사 말대로라면 온달 공자에게는 태학 수업도 그리 어렵지 않을 것 같소만…

아니 그렇소?

그러게 말이오. 우리 귀족들의 신임을 얻는다면 오히려 부마에게 힘이 될 테니, 나쁜 일도 아니지 않소?

온달의 부마 자격은 이미 철저히 검증되었습니다!

고구려를 위해 더 엄격한 검증을 거쳐야 하옵니다!

흐음…

이 몸이 힘이 없거늘, 저 대신들을 어찌하면 좋단 말인가…

11권 예고

와! 여기가 태학이라는 곳이구나!

응? 저 사람은?

샤

라

랏

뻐억

『설민석의 한국사 대모험』은 11권에서 계속됩니다!

설쌤의 한국사 톡톡 TALK TALK

조국의 광복을 향하여! 인면전구공작대

1940년 창설된 임시정부의 군대인 한국광복군은 구체적으로 어떤 활동을 했을까요? 김구 선생의 선언문에 따르면 한국광복군의 목적은 "독립을 회복하고자 공동의 적인 일본제국주의를 타도하여 연합군의 일원으로 싸우는 것"이었습니다. 그래서 제2차 세계대전에서 일본과 맞서는 연합군이 되어 여러 작전을 계획하게 되었죠. 한국광복군의 활동 중 하나였던 인면전구공작대에 대해서 함께 알아볼까요?

한국광복군 인면전구공작대

영국군과 함께 제2차 세계대전에 참여한 부대

인면전구공작대의 '인면(印緬)'은 인도와 미얀마를 한자로 표기한 것입니다. 영국군의 요청으로 영국이 지키고 있던 인도와 미얀마에 한국광복군 9명이 파견되었는데, 이들이 영국군과 공동으로 군사작전을 전개하며 제2차 세계대전에 참전했던 유일한 부대라고 할 수 있습니다.

공작대로 선발된 9명은 일단 험난한 자연 및 지형 조건을 극복할 수 있는 강인한 체력을 갖추고 일본군을 상대로 공작을 펼칠 수 있도록 일본어에 능숙해야 했습니다. 영국군과 함께 작전을 수행하기 위해 기본적인 영어 실력도 있어야 했죠.

인면전구공작대는 어떻게 일본군과 싸웠을까?

이들은 포로 심문 등 특수 작전을 수행했습니다. 또한 일본군으로부터 획득한 문서를 면밀히 분석해서 일본군 병력 배치에 관해 정확한 정보를 파악하기도 했어요. 그 덕분에 영국군은 일본군에게 포위당하는 상황 속에서도 안전하게 퇴각할 수 있었습니다. 이들의 활약에 영국군 사단장이 직접 감사의 뜻을 전하는 등 큰 성과를 거두었습니다.

인면전구공작대원들

한국의 '미션 임파서블'! 무엇이든 해냈던 인면전구공작대

이처럼 우리의 공작대는 영화 〈미션 임파서블〉의 주인공 톰 크루즈처럼 강인한 체력과 지식을 가지고 정보전을 통해 직접 싸우지 않고 이기고, 적진의 허를 찌르는 작전을 실행하는 데 큰 도움을 주었습니다. 조국의 독립을 위해 전쟁의 최전방에서 목숨을 걸고 최선을 다해 자신의 업무를 수행했으며 눈부신 성과를 올렸죠. 단 9명의 대원이었지만 우리나라를 대표하여 일본군에 맞섰던 용사들, 꼭 기억해야 할 한국광복군의 큰 업적입니다.

온달이와 함께 **주문을 배워보자!**

광복을 우리 손으로 쟁취하자! 한국광복군!

윤봉길 의사의 의거를 계기로 중국의 재정적인 지원과 협조를 얻게 되자, 대한민국 임시정부는 일본에 맞서는 독립전쟁을 준비하기 시작했어. 중국 뤄양 군관학교에 한인 훈련반을 설치해서 군사를 양성했고, 중일 전쟁이 일어나자 한국광복군 창설을 계획했지. 1940년 임시정부가 충칭으로 이동한 후 한국광복군 총사령부가 세워졌어. 김구 선생님은 광복군 선언문에서 우리의 독립 의지를 밝히고 연합군으로 함께할 것을 선언하면서 일본과의 전쟁을 선포했지. 독립운동의 막바지 시기, 다른 나라의 도움을 빌리지 않고 우리 손으로 직접 독립을 쟁취하려 했던 의지를 느낄 수 있겠지?

우리 민족의 역사를 만나다, 독립기념관

독립의 정신을 만날 수 있는 곳

이번 화에서는 임시정부의 독립운동과 마침내 광복을 맞이한 모습까지 살펴볼 수 있었어. 독립기념관은 우리 조상들이 나라를 지켜내기 위해 어떻게 활약했는지 자세히 알려주는 곳이야. 임

겨레의 집과 태극기 한마당

시정부의 활동뿐 아니라, 수많은 의사, 열사들이 펼친 다양한 독립운동이 궁금하다면 천안에 있는 독립기념관을 꼭 방문해봐!

조선총독부 철거 부재 전시공원

조선총독부 건물의 잔재를 볼 수 있는 곳

일본은 1910년 대한제국의 국권을 빼앗은 후에 조선총독부를 설치했어. 1926년에는 조선총독부 건물을 경복궁 안에, 지금의 광화문 바로 뒤편에 세웠지. 광복 이후에도 총독부 건물은 대한민국 정부 청사와 국립중앙박물관 등으로 쓰이다가, 1995년 광복 50주년을 맞아 일제강점기의 잔재를 청산하기 위해 완전히 철거했어. 그렇게 총독부 건물을 부수고 난 뒤 나온 건물의 주요 부분을 독립기념관에 전시해 역사교육의 한 갈래로 활용하고 있단다. 독립기념관 서쪽, 해가 지는 위치에 전시되어서 일제의 몰락을 상징적으로 보여주며, 지금까지 남아 있는 식민통치의 잔재를 어서 청산해야 한다는 의미를 담고 있지.

독립운동 체험관에서 만세를 외치다!

독립기념관에는 우리의 반만년 역사와 항일독립운동의 모습을 자세히 살펴볼 수 있는 전시관이 항상 열려 있어. 그리고 어린아이부터 청소년, 어른까지 모두 참여할 수 있는 독립운동 체험관도 마련되어 있어. 3·1 운동 때처럼 "대한독립만세!"를 외쳐보고, 독립군이 되어 일본군과 맞서 싸우기 위한 훈련도 해보자! 재미있는 애니메이션 입체영상도 관람할 수 있다고 하니, 부모님 손을 잡고 독립운동의 정신을 마음에 담기 위해 방문해보는 건 어떨까?

독립기념관 체험 전시실

* 독립기념관 | 충남 천안시 동남구 목천읍 독립기념관로 1 | 041-560-0114 | www.i815.or.kr

그때 무슨 일이 있었을까?

출발

1919년
상해 임시정부 수립과 함께 대한민국 육군 임시군제 제정
1919년에 대한민국 육군 임시군제를 제정하여 군대를 창설한다는 원칙을 세우고 군대 편제와 조직에 관한 법규를 마련했습니다. 하지만 이러한 계획은 재정적인 어려움 때문에 실현되지 못했습니다.

1934년
중국 뤄양 군관학교에 한인 훈련반 설치

1937년
중일 전쟁이 일어나자 임시정부는 군사위원회 설치, 한국광복군 창설 계획을 수립함.

1940년
광복군 총사령부 성립 김구, 광복군 선언문 발표

1941년
대일 선전포고
1941년 일본이 미국을 중심으로 하는 연합군에 대항해 태평양전쟁을 일으켰어요. 임시정부는 이러한 국제 정세에 발맞추어 바로 대일 선전포고를 하며 일본과의 전쟁 의지를 강하게 드러냈습니다.

1945년 8월 15일
일본의 항복 선언과 대한민국의 광복

1943년
연합군과 합동하여 항일전을 수행, 한국광복군의 인면전구공작대가 활약함.

1945년
국내진공작전 훈련
한국광복군은 중국에 주둔하고 있던 미국 전략 사무국인 OSS와 힘을 합쳐 국내진공작전을 추진했습니다. 1945년 8월 4일 제1기생의 훈련이 완료되자 작전을 실행하기로 합의했으나, 일본의 항복으로 이루어지지 않았습니다.

만화를 읽고 나면
문제도 풀려요!

친구들,
열 번째 한국사 대모험 어땠나요?
만화로 재미있게 우리 역사를 알아봤으니
이제 가벼운 마음으로 문제를 풀어보아요.
역사를 잊지 않기 위해 우리가 노력한다면,
그만큼 우리 역사도 풍성해질 거예요!

문제를 풀어볼까요?

[1-5] O, X 퀴즈를 풀어봅시다.

1 대한민국 임시정부는 1919년 수립된 이후
줄곧 활발한 독립운동으로 큰 성과를 거두었다.　　　　O　X

2 김구 선생의 호인 백범은 '하얀 호랑이'라는 뜻이다.　　　　O　X

3 1930년대 들어 일본은 중국까지 손에 넣고자 전쟁을 벌었다.　　O　X

4 윤봉길 의사가 던진 폭탄으로 일본 국왕이 크게 다쳤다.　　　O　X

5 대한민국 임시정부가 마지막으로 정착한 곳은 중국 충칭이다.　　O　X

6 다음의 인물은 누구인지 알맞은 이름을 적어봅시다.

> 가난한 집안 형편 때문에 나는 어린 시절부터 여러 가지 일을 했는데, 어느 곳에서
> 어떤 일을 하건 단지 조선인이라는 이유로 멸시와 차별을 받았어. 나는 이런 부당한
> 대우가 모두 나라를 빼앗겼기 때문임을 깨닫고는 독립운동을 하러 중국 상해로 갔
> 어. 대한민국 임시정부를 찾아가 임무를 부여받았고, 우리의 굳건한 독립 의지를 보
> 여주고자 도쿄에서 일본 국왕을 향해 수류탄을 던졌지! 하지만 안타깝게도 일왕을
> 암살하지는 못했어. 이후 일본 경찰에 잡혀 사형당했지만, 나는 절대 후회하지 않아.
> 대한독립이라는 영원한 쾌락을 얻고자 한 행동이었으니까.

"내 이름은 _____ 입니다."

[7-8] 다음은 대한민국 임시정부가 창설한 단체를 조사한 내용입니다.
각각에 알맞은 단체의 이름을 적어봅시다.

설립연도: 1931년
조직 형태: 비밀 공격 조직
설립 목적: 일본의 주요 인물 암살
주요 활동: 일본 도쿄에서 일본 왕 암살
작전, 상해 훙커우 공원에서
폭탄 투척

설립연도: 1940년
조직 형태: 임시정부의 군대
설립 목적: 연합군의 일원으로 일제와 맞서
싸워 대한민국의 독립을 쟁취
주요 활동: 국내로 비밀리에 침투해 일제와
싸우는 작전을 계획했으나, 일본
이 항복하면서 작전이 무산됨.

7 _____

8 _____

[9-11] 다음 인물의 이야기를 읽고 빈칸에 알맞은 단어를 넣어봅시다.

나는 대한민국 임시정부에서 국무위원을 맡고 있으며 '백범'이라는 호를 쓰는 9 ○○(이)라고 해요. 임시정부가 일제의 감시와 내부 갈등으로 가라앉아 있었는데, 새롭게 만든 비밀 공격 조직의 의거 활동으로 점차 활기를 띠었어요. 그러던 어느 날, 채소 파는 일을 하는 10 ○○○(이)라는 청년이 나라를 위해 한목숨 바치겠다며 나를 찾아왔지요. 아무리 조국을 위하는 일이라지만 대한의 젊은이들이 목숨을 잃는 것이 참으로 가슴 아팠습니다. 그러나 청년의 결심이 워낙 굳세기에, 4월 29일에 상해의 11 ○○○ ○○에서 열리는 일본 왕의 생일 축하 행사에서 폭탄을 던지는 임무를 맡겼습니다. 부디 대한의 독립 의지를 널리 알리고, 그 청년도 무사하기를 바랄 뿐입니다.

9 _____

10 _____

11 _____

[12-16] 다음 대화를 읽고 괄호 안의 알맞은 단어에 동그라미 쳐봅시다.

애들아, 윤봉길 의사가 용감하게 해낸 의거를 직접 보니 정말 뭉클하면서도 한편으로 안타까운 마음도 들었지?

네, 맞아요. 특히 조국에 두고 온 12 (두 아들 / 형제들)에게 남긴 편지를 보니 더 마음이 아팠어요.

그럼에도 대한의 아이들이 더 이상 일제 밑에서 치욕스럽게 살아 가지 않도록 하기 위해, 굳센 의지로 13 (도시락 폭탄 / 수통 폭탄)을 던지셨죠.

그래, 윤봉길 의사의 의거는 전 세계를 놀라게 했어. 또한 이 의거를 계기로 대한민국 임시정부는 14 (중국 정부 / 미국 정부)의 지원을 받을 수 있었단다.

하지만… 이후 일본의 감시와 탄압이 너무 심해졌어요. 그래서 임시정부를 15 (서울 / 항저우)로 옮길 수밖에 없었죠.

맞아. 임시정부의 험난한 여정은 1940년 16 (충칭 / 광저우)에 자리 잡을 때까지 계속되었지.

[17-18] 다음 대본을 읽고, 남자 1과 남자 2가 누구인지 적어봅시다.

때: 1932년 4월 29일 오전   장소: 중국 동포 김해산의 집

(두 명의 남자가 마주 앉아 조용히 이야기를 나누고 있다.)

남자 1: 선생님, 낡은 시계는 저 주시고 6원짜리인 제 시계를 쓰십시오.

남자 2: 이 사람아, 좋은 시계를 자네가 써야지!

남자 1: 이 시계는 제게 이제 1시간밖에 소용이 없는 물건입니다… 선생님, 꼭 나라를 되찾아주십시오!

남자 2: 그래, 후일 나라를 되찾고 지하에서 만나세.

17 남자 1

----

18 남자 2

----

19 [보기]의 사건을 일어난 순서대로 나열해봅시다.

[보기]   ㉠ 윤봉길 의거   ㉡ 8·15 광복
          ㉢ 한국광복군 창설   ㉣ 대한민국 임시정부 수립

------------ ➡ ------------ ➡ ------------ ➡

20 다음 메모를 보고 무엇에 대해 조사한 것인지 적어봅시다.

김구의 자서전, 보물 제1245호,
나의 소원, 한인애국단 등 임시정부 활동을 기록

[21-23] 우리나라의 독립운동에 도움을 준 외국인에 대한 설명을 읽고, 알맞은 인물을 연결해봅시다.

21
중국에서 활동한 미국인 선교사로, 윤봉길 의거 이후 일제의 탄압이 심해지자 김구 선생의 피신과 탈출을 도와주었다. 독립운동의 공로를 인정받아 대한민국 정부로부터 훈장을 받았다.

●   ●

장제스

22
중국 자싱에서 김구 선생의 피신을 도와준 처녀 뱃사공. 김구 선생은 자신의 자서전에 이 인물에 대해 "공로가 적지 아니하다"고 적었다.

●   ●

조지 애시모어 피치

23
중국의 최고지도자였으며, 1932년 윤봉길 의사의 의거를 극찬하며 대한민국 임시정부에 지원을 약속했다. 이후 중국 뤄양 군관학교에 한인 훈련반이 설치되어 군사 양성에 도움을 주었다.

●   ●

주아이바오

[24-25] 1930년대 일어난 사건에 대한 설명을 읽고, 빈칸에 알맞은 말을 적어봅시다.

24 1931년 일본이 중국을 침략하기 위해, 만주 철도 보호를 명분으로 내세워 일으킨 전쟁. 이 ○○○○에서 승리한 후 일본은 '만주국'이라는 괴뢰 국가를 세워 사실상 만주를 통치했다.

25 1938년 5월, 중국 창사에서 흩어져 있는 독립운동의 힘을 하나로 모으기 위한 독립운동가들의 논의가 있었는데, 회의 도중 이운환이 참석자들에게 총을 난사해 김구 선생이 중상을 입었다. 이 사건을 당시 회의가 열렸던 조선혁명당 본부 건물의 이름을 따서 ○○○ ○○(이)라고 부른다.

24 _____

25 _____

정답 및 해설

어때요?
문제 푸는 데 어려움은 없었나요?
이제 엄마, 아빠와 같이
정답과 해설을 읽어보세요.
모두 화이팅!

정답 및 해설

해설

1 1919년 중국 상해에 대한민국 임시정부가 수립되었지만, 정부 운영을 두고 내부 분열이 일어나고 일제의 감시와 탄압, 재정적인 어려움 등으로 활동이 침체되어 있었습니다. 그래서 1930년대에 들어서기까지 임시정부는 독립운동의 뚜렷한 성과를 내지 못했습니다.

2 김구 선생의 호인 백범(白凡)은 천한 신분인 백정에서 '백'을 따고 평범한 사람이라는 뜻의 범부에서 '범'을 따서 지은 것으로, 미천하거나 평범한 사람들까지도 애국심을 가지기를 바라는 김구 선생의 의지가 담긴 호입니다.

3 1930년대에 들어서며 일본은 중국 대륙까지 차지하려는 야욕을 본격적으로 드러냈습니다. 1931년에 만주 철도 보호를 명분으로 내세워 중국과 전쟁을 일으켰고, 이 만주사변에서 이긴 일본은 '만주국'이라는 괴뢰 국가를 세워 만주를 통치했습니다. 또한 1932년 초에는 상해를 공격하며 상해사변을 일으켰습니다.

4 윤봉길 의사는 1932년 4월 29일 중국 상해의 홍커우 공원에서 열린 일왕 생일 축하 및 상해사변 승리 기념 행사에서 폭탄을 던졌습니다. 이 의거로 일본군 장교들과 외교관이 사망하거나 크게 다쳤습니다.

5 윤봉길 의거 이후 일제의 감시가 심해지자, 대한민국 임시정부는 상해를 떠나 항저우, 창사, 광저우 등 중국 여러 도시로 옮겨다녀야 했습니다. 그러다 1940년에 충칭에 정착해 1945년 광복을 맞이할 때까지 활동을 이어나갔습니다.

6 한인애국단 1호 단원인 이봉창 의사의 이야기입니다. 이봉창 의사는 1932년 1월 8일 일본 도쿄에서 관병식을 마치고 궁성으로 가던 일왕을 향해 수류탄을 던졌습니다. 이 의거는 전 세계를 깜짝 놀라게 했으며, 임시정부에 활력을 불어넣는 계기가 되었습니다.

7 내부 갈등과 일제의 감시로 침체된 대한민국 임시정부에 활력을 불어넣고 일본에 효과적인 타격을 주고자, 임시정부에서는 '한인애국단'이라는 조직을 만들었습니다. 일본의 주요 인물을 암살하기 위한 비밀 단체였고, 이봉창, 윤봉길 등이 한인애국단의 단원으로서 임무를 수행했습니다.

8 1940년 중국 충칭에 정착하게 된 대한민국 임시정부는 일본을 상대로 직접 무장투쟁을 벌이기 위해 '한국광복군'을 창설했습니다. 미국 전략 사무국과 공동으로 국내진공작전을 계획했지만 일본이 항복하며 작전은 무산되었고, 한국광복군은 1946년 해체되었습니다.

9 '백범'이라는 호를 쓰고 임시정부의 국무위원을 지낸 인물은 김구 선생입니다.

10 윤봉길 의사는 본격적인 독립운동을 위해 1930년에 조국을 떠나 중국으로 망명했습니다. 상해에서 김구 선생을 만나 독립운동에 몸을 바치겠다는 뜻을 내비쳤고, 채소장수로 위장해 일본군에 관한 정보를 얻기도 했습니다.

11 한인애국단 단원인 윤봉길 의사는 1932년 4월 29일에 상해 홍커우 공원에서 열리는 일왕 생일 축하 및 상해사변 승리 기념 행사에서 폭탄을 던지는 임무를 부여받았습니다.

12 윤봉길 의사는 홍커우 공원에서 임무를 수행하기에 앞서, 조국에 두고 온 두 아들에게 글을 남겼는데, '강보에 싸인 두 병정에게'로 시작하는 이 편지에는 독립을 향한 윤봉길 의사의 열망과 아버지로서의 마지막 당부가 담겨 있습니다.

13 윤봉길 의사는 홍커우 공원 행사장에 두 개의 폭탄을 들고 갔는데, 행사장 단상을 향해 던진 것은 수통 폭탄입니다. 폭탄을 던진 후, 윤봉길 의사는 곧바로 일본군에 체포되고 말았습니다.

14 윤봉길 의사의 의거에 감명을 받은 중국 총통 장제스는 대한민국 임시정부에 전폭적인 지원을 약속했고, 1934년에 뤄양 군관학교에 한인 훈련반이 설치되는 등 중국 정부의 지원이 이어졌습니다.

15 윤봉길 의거 직후부터 일제의 감시와 탄압이 극심해지자, 임시정부는 상해를 떠나 항저우로 옮기게 됩니다.

16 1932년에 상해를 떠나 항저우, 광저우, 치장 등 중국 여러 도시로 이동을 거듭하던 대한민국 임시정부는 1940년에 마침내 충칭에 정착해 광복을 맞을 때까지 활동을 계속했습니다.

17-18 1932년 4월 29일은 윤봉길 의사의 의거가 일어난 날입니다. 중국 동포 김해산의 집은 김구 선생이 일본의 감시를 피해 몸을 숨기던 곳입니다. 거사일 아침, 윤봉길 의사는 김구 선생을 찾아가 시계를 건네며 자신에게는 1시간밖에 소용 없는 물건이니 사양 말고 받아달라고 청합니다. 따라서 대화의 주인공은 윤봉길과 김구입니다.

19 ㉠ 윤봉길 의거는 1932년 4월 29일에 일어났습니다. ㉡ 우리나라가 광복을 맞은 것은 1945년 8월 15일입니다. ㉢ 한국광복군은 1940년에 창설되었습니다. ㉣ 대한민국 임시정부는 1919년에 수립되었습니다.

20 『백범일지』는 김구 선생의 자서전으로, 독립운동에 몸 바친 선생의 생애가 기록되어 있습니다. 특히 한인애국단의 활약, 임시정부의 피난과 시련, 한국광복군 창설과 광복에 이르기까지 임시정부의 활동이 자세히 나와 있는데, 그 역사적 가치를 인정받아 보물 제1245호로 지정되었습니다. 자서전 말미에 실린 '나의 소원'이라는 글에는 자주독립을 향한 김구 선생의 열망이 고스란히 드러나 있습니다.

21 조지 애시모어 피치는 어린 시절부터 선교사였던 아버지가 한국 독립운동을 지원하는 것을 보며 성장했습니다. 윤봉길 의거 이후 한국인에 대한 일제의 무력행사가 극에 달하자, 프랑스계 언론을 통해 일본을 강하게 비판했고, 관망하기만 하는 프랑스에도 항의했습니다. 1952년 문화공로훈장을, 1968년에는 건국훈장 독립장을 받았습니다.

22 상해를 떠난 김구 선생은 일본의 집요한 추적에 중국 이곳저곳에서 숨어 지내야 했습니다. 자싱이라는 도시에서는 처녀 뱃사공 주아이바오의 배 안에서 생활하며 피난 생활을 이어갔는데, 두 사람은 이후 5년 동안 함께 지냈습니다. 김구 선생의 자서전인 『백범일지』에서도 주아이바오에 대한 기록을 찾아볼 수 있습니다.

23 중국의 총통이었던 장제스는 대한민국 임시정부를 지원했던 인물입니다. 뤄양 군관학교에 한인 훈련반을 설치해 군사 양성을 도와주었고, 독립운동 자금을 후원했으며, 한국광복군 창설에도 협조했습니다. 이런 공로를 인정받아 1953년에 대한민국 정부로부터 건국훈장을 받았습니다.

24 1931년 9월, 일본은 자신들이 관리하던 만주 철도를 스스로 폭파하고는 중국 측 소행이라고 트집 잡아 군사행동을 시작했습니다. 이를 '만주사변'이라고 하는데, 이후 만주를 점령한 일본은 1932년에 괴뢰 국가인 '만주국'을 세워 1945년까지 통치했습니다.

25 1938년 5월, 중국 창사에 있는 조선혁명당 본부 건물인 남목청에서 한국국민당, 한국독립당, 조선혁명당이 합당을 논의하던 중, 회의 참석자였던 이운환이 갑자기 김구 선생을 향해 권총을 쏘았습니다. 이에 김구 선생은 중상을 입었고, 다른 독립운동가들도 사망하거나 크게 다치는 피해를 입었습니다.

특별부록

우리의 독립운동을 도와준 일본인

우리 역사를 사랑하는 어린이 독자 여러분, 안녕하세요? 『한국사 대모험』 열 번째 이야기도 재미있게 잘 읽었나요? 책이 다 끝나가서 아쉬운 마음도 있을 텐데, 어린이 여러분의 그 아쉬움을 조금이나마 달래주기 위해 이번 책에는 유익한 이야기를 하나 더 준비했답니다.

2019년은 3·1 운동과 대한민국 임시정부 수립 100주년이 되는 해입니다. 이를 기념하여 『한국사 대모험』에서도 나라를 위해 목숨을 바친 여러 독립운동가들을 만나봤어요. 거기에 덧붙여 다소 생소하면서도 특별한 인물을 한 분 더 소개하고자 합니다. 일제강점기에 일본의 부당함에 맞서 우리 독립운동가들을 도와주었고, 2004년에 일본인으로는 최초로 대한민국 건국훈장을 받은 변호사 후세 다쓰지입니다.

조선인에 대해 동정과 안타까움을 느끼다

후세 다쓰지는 어린 시절부터 모든 사람을 가리지 말고 똑같이 사랑하라는 가르침을 받으며 자랐어요. 1894년 조선의 동학농민전쟁을 진압했던 일본군들이 떠벌리는 "일본도를 한 번 날리니 조선인 두 놈의 목이 동시에 떨어졌다"는 등의 끔찍한 이야기를 들으며, 후세 다쓰지는 처음으로 조선 사람들에 대해 안타까움을 느꼈다고 합니다. 그 후 학교에서 조선인 친구를 만나 조선이 처한 참혹한 현실도 알게 되었습니다.

후세 다쓰지

후세가 선언한 '내가 가야 할 길'

대학 졸업 후 검사가 되었던 후세 다쓰지는 금세 검사 생활을 그만두고 변호사로 활동하기 시작했습니다. 신문에 발표되었던, "남은 평생을 탄압받고 힘없는 사람들 편에 서겠다!"는 그의 고백처럼, 농민, 노동자 등 약자들의 권리 보호를 위해 변호 활동을 했습니다. 특히 조선인과 관련된 사건이라면 어떤 일이든 발 벗고 나서서 도와주었다고 해요.

조선청년독립단

일본에서 독립선언을 외친 조선인 유학생들을 변호하다

1919년 3·1 운동이 일어나기에 앞서 일본에서 조선인 유학생들이 2·8 독립선언을 했습니다. 우리가 일본으로부터 독립해야 하는 이유를 밝힌 독립선언서를 낭독한 것이었는데, 이 사건으로 조선청년독립단 학생들은 일본 경찰에 체포되었습니다. 이에 조선인 유학생들의 변호를 맡은 후세 다쓰지는 법정에서 "자기 나라의 독립을 위해 독립선언서를 낭독한 게 무슨 죄인가?"라고 반박하여 학생들에게 내려진 큰 형벌을 막아주었습니다.

관동 대학살의 잔학한 모습을 고발하다

관동대지진

1923년 9월 1일, 일본의 관동 지방을 뒤흔든 대지진이 일어나 엄청난 인명 피해와 재산 피해가 발생했어요. 이로 인해 일본 전체가 공포와 혼란에 휩싸였죠. 이런 상황에서 일본은 "조선인이 우물에 독을 풀었다", "조선인들이 시내 곳곳에 불을 질렀다"는 등의 헛소문을 퍼뜨려 모든 혼란의 원인을 조선인에게 떠넘기려고 했어요. 이 소문을 들은 일본인들과 군인, 경찰들은 조선인이 보이기만 하면 무차별적으로 무기를 휘둘러 살해했습니다. 그때 후세 다쓰지는 겁에 질린 100여 명의 조선인에게 머물 곳과 먹을 것을 제공해주었어요. 여기에 그치지 않고 거짓말을 만들어낸 일본 정부와 경찰서를 방문해서 조선인에 대한 폭력 행위를 따져 묻고 비판하였습니다.

고통받던 조선인의 손을 잡아준 진정한 양심

이외에도 후세 다쓰지는 일본 왕궁에 폭탄을 던진 김지섭 의사의 변론을 맡았고, 일본 왕을 암살하려고 계획했다는 혐의로 체포된 박열과 가네코 후미코를 변호하며 법정에서 무죄를 주장했습니다. 1945년 일본이 패망한 후에도 후세 다쓰지는 일본에서 조선인과 관련된 사건이라면 기꺼이 변호를 맡았다고 해요.

이처럼 많은 독립운동가들을 도와준 공로를 인정받아 2004년 후세 다쓰지에게 대한민국 건국훈장이 수여되었는데요, 그가 일본인이라는 이유로 훈장 수여에 반대하는 주장도 있었다고 해요. 하지만 일제의 조선 침략을 강하게 비판하고, 관동대지진 때의 조선인 학살을 진심으로 사과하기까지 하며, 고통받던 조선인의 손을 잡아준 그의 생애를 살펴볼 때, 독립유공자로 선정되기에 충분하다는 생각이 듭니다.

일제강점기의 독립운동을 배우면서, 우리는 해결되지 않은 과거 일본의 부당한 행동에 사과를 요구하고, 아직까지 아물지 않은 우리 민족의 상처에 공감하는 사람이 되어야 해요. 안타까운 역사가 다시는 반복되지 않도록 끊임없이 기억하면서, 동시에 넓은 생각과 다양한 시각으로 일본을 바라볼 수 있으면 좋겠습니다. 이웃 나라인 일본과의 관계에서 함께 소통하며 아름다운 대한민국을 만들어나가는 여러분이 되기를 바랍니다. 역사를 사랑하는 멋진 어린이 독자 여러분은 잘할 수 있을 거라 믿어요!

그럼 선생님의 이야기는 여기서 마무리할게요. 『한국사 대모험』 11권에서 다시 만나요!

설민석의 한국사 대모험 10

ⓒDankkumi Corp.

1판 1쇄 발행 2019년 5월 7일
2판 4쇄 발행 2025년 2월 25일

글 설민석·스토리박스 | **그림** 정현희 | **감수** 태건 역사 연구소

펴낸이 설민석, 장군 | **사업총괄** 노성규
개발총괄 조성은 | **편집** 한혜민, 성주은, 류지형, 최지은 | **디자인** 더다츠, 윤나래, 강은정, 김지선, 안혜원
영업 양원석, 박민준, 최연수, 황단비 | **마케팅** 박상곤, 강지성, 박혜인 | **제작** 혜윰나래

펴낸곳 단꿈아이
출판등록 2019년 10월 8일 제 2019-000111호
문의 내용문의 dankkum_i@dankkumi.com
　　　구입문의(영업마케팅) 031-623-1145 | Fax 031-602-1277
주소 13487 경기 성남시 분당구 판교로 242(삼평동), C동 701-2호

홈페이지 dankkumi.com | **인스타그램** @seolsamtv | **유튜브** '설쌤TV' 검색

ISBN 979-11-91496-82-6
　　　979-11-91496-19-2 (세트)